なぜ？ どうして？

身《み》近《ぢか》なぎもん 5年生

総合監修 三田大樹

Gakken

もくじ

なぜ？どうして？とっておきのぎもん

生活の、なぜ？どうして？①

生活の、なぜ？ どうして？②

からだの、なぜ？ どうして？

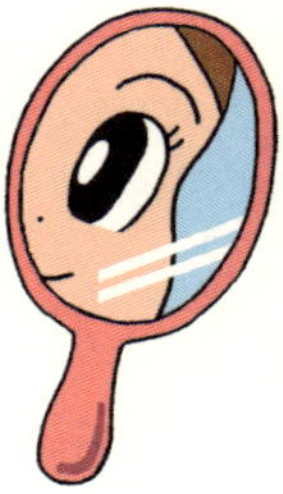

国・社会の、なぜ？どうして？

スポーツの、なぜ？どうして？

生《い》き物《もの》・自然《しぜん》の、なぜ？どうして？

なぜ？どうして？

とっておきのぎもん 1

世界《せかい》で一番の猛毒《もうどく》を持《も》つ、おそろしい生《い》き物《もの》は何？

文・渋谷典子　絵・後藤範行

この地球上《ちきゅうじょう》には、猛毒《もうどく》を持《も》つ生《い》き物《もの》がたくさんいます。

「猛毒《もうどく》」とひとことでいっても、血液《けつえき》や血管《けっかん》の働《はたら》きをこわすもの、はげしいアレルギー反応《はんのう》を引きおこすもの、そして、「神経毒《しんけいどく》」といって、脳《のう》の命《めい》令《れい》をからだに伝《つた》わらなくするものなど、いろいろなタイプがあります。

神経毒《しんけいどく》によって脳《のう》の命令《めいれい》が伝《つた》わらなくなると、例《たと》えば呼吸《こきゅう》をすることができなくなってしまうこともあります。

これから、この世界《せかい》に存在《そんざい》する猛毒《もうどく》を持《も》つ生《い》き物《もの》をいくつかしょうかいします。かわいらしい外観《がいかん》からは想像《そうぞう》もつかない猛毒《もうどく》を持《も》つものもいます。

【ヤドクガエル】 南米《なんべい》にすむ、体長二・五センチメートルほどの小さなカエル。赤や青、黄色などのあざやかな色を身《み》にまとっています。猛毒《もうどく》を持《も》ち、その毒液《どくえき》が毒矢《どくや》に使《つか》われたことから、この名前がつけられました。ヤドクガエルの中でも、モウドクフキヤガエルの毒《どく》が最《もっと》も強《つよ》く、一ぴきで大人十人が死《し》ぬほどの神経毒《しんけいどく》を持《も》っています。

【ヒョウモンダコ】 タコのなかまで、体長は十

モウドクフキヤガエル

センチメートルほど。南太平洋《みなみたいへいよう》などに生息《せいそく》し、日本の近海《きんかい》にもすんでいます。まわりからしげきを受《う》けると、ヒョウがらの青のもようがうきでてくることから、この名前がついています。体内に神経毒《しんけいどく》があり、相手《あいて》にかみついて、だ液《えき》といっしょに相手《あいて》の体内に送《おく》りこみます。また、筋肉《きんにく》やからだの表面《ひょうめん》にも毒《どく》を持《も》っています。

【ズグロモリモズ】 鳥類《ちょうるい》としてはめずらしい、毒《どく》を持《も》つ鳥《とり》です。インドネシアなどのジャングルで生息《せいそく》しています。毒《どく》を持《も》つこん虫を食べて、羽や皮《ひ》ふにその毒《どく》をたくわえます。

ズグロモリモズ

ヒョウモンダコ

【スローロリス】東南《とうなん》アジアの森にすむ、体長《たいちょう》が三十センチメートルほどの、小さなサルのなかまです。毒《どく》を持《も》っていますが、ほかの動物《どうぶつ》をこうげきするためのものではありません。ひじの近くから出る体液《たいえき》に、だ液《えき》が混《ま》じると毒《どく》になります。自分や子どものからだをなめ、ヤマネコなどから身《み》を守《まも》ります。

では、地球《ちきゅう》上で一番の猛毒《もうどく》を持《も》つ生《い》き物《もの》はなんだと思いますか。それは、毒《どく》ヘビでも毒《どく》グモでもなく、ハワイ周辺《しゅうへん》の海にすむマウイイワスナギンチャクというイソギンチャクに近い生《い》き物《もの》だと考えられています。計算上では、一ミリグラムの毒《どく》で大人数千人が死《し》ぬほどといわれています。

スローロリス

なぜ？どうして？

とっておきのぎもん ２

写真《しゃしん》うつりをよくするには、どうすればいいの？

文・増澤曜子　絵・後藤範行

写真《しゃしん》にうつった自分を見て「いやだなあ」と思《おも》ったことがあるかもしれません。反対《はんたい》に「けっこういいかも」と思ううつり具合《ぐあい》のときもあります。

わたしたちが生きている世界《せかい》は、たてと横《よこ》と高さからなる三次元《さんじげん》です。写《しゃ》真《しん》は、たてと横《よこ》の二次元《にじげん》ですから、三次元《さんじげん》をそのままうつすことはできません。でも、だからこそ工夫《くふう》しだいで、うつり方が変《か》わるおもしろさもあるのです。ここでは、写真《しゃしん》うつりがよくなるテクニックを五つしょうかいします。

【写真《しゃしん》うつりのテクニック①　からだをななめにする】

真正面《ましょうめん》の写真《しゃしん》は、ぎこちない印象《いんしょう》になりがち。レンズに向《む》かってからだをななめにすると、自然《しぜん》な印象《いんしょう》になり、ほっそり見えます。その場合、からだはななめで顔だけ正面《しょうめん》にしたり、顔もななめにして目だけを正面《しょうめん》に向《む》けたりと、いろいろ試《ため》してみてください。

顔は、右側《みぎがわ》と左側《ひだりがわ》で輪《りん》かくや目などの位置《いち》がちがい、どちら側《がわ》がうつりがいいかは人それぞれです。鏡《かがみ》を見たり、自どりをしたりしてどちらがいいか研究《けんきゅう》しましょう。

【写真《しゃしん》うつりのテクニック②　あごを引く】

背《せ》すじをのばすと、自然《しぜん》に首ものび、リラックスした印象《いんしょう》になります。このとき、あごを上げないようにしま

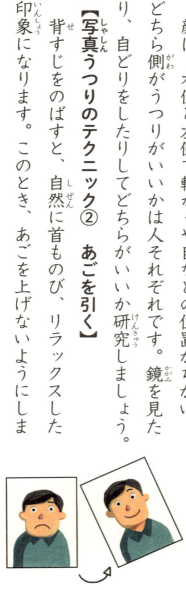

しょう。あごを引くと、小顔に見えます。

また、手のひらをほおに当てるだけでも顔が小さく見えます。これは同じ大きさでも、何か大きなものに囲《かこ》まれると小さく見えるという、目《め》のさっ覚《かく》のためです。

【写真《しゃしん》うつりのテクニック③　レンズの少し上を見る】

大きなカメラで写真《しゃしん》をとられるとき、レンズをじっと見てしまって、かたい表情《ひょうじょう》になりがちです。レンズの少し上を見るようにすると、まぶたが上がり、目に光が入りやすくなって、キラキラとした目に見えます。

また、まぶしいときに無理《むり》に目を開《あ》けようとすると、表情《ひょうじょう》がこわばるので、目を細めてほほえむようにすれば、自然《しぜん》な表情《ひょうじょう》になります。

【写真《しゃしん》うつりのテクニック④　白を利用《りよう》する】

白っぽい服《ふく》を着《き》ていると、下からライトを当てたように顔を明るく見せる効果《こうか》があります。ハンカチなどの白いものをひざに置《お》くだけでも変《か》わります。

また、光が背中《せなか》のほうから来ると、顔が暗《くら》くなりがち。そんなときは、レンズに向《む》かってからだや顔をななめにし、真後《まうし》ろから光が来ないようにしましょう。

【写真《しゃしん》うつりのテクニック⑤　自分はかっこいい！かわいい！　と自信《じしん》を持《も》つ】

リラックスして心から笑顔《えがお》になると、いい写真《しゃしん》になります。撮影《さつえい》のときには、モデルになった気分で堂《どう》どうとポーズを。きっとすてきな写真《しゃしん》になりますよ。

生活の、なぜ？ どうして？①

文・メルプランニング（16 ～ 31・36 ～ 43 ページ）
グループ・コロンブス（鎌田達也）（32 ～ 35 ページ）
絵・後藤範行

手話《しゅわ》は、どのようにして生まれたの？

手話《しゅわ》は、手や指《ゆび》の動《うご》き、身《み》ぶり、表情《ひょうじょう》などを使《つか》って、ものごとの意味《いみ》や内容《ないよう》を伝《つた》える、言語の一つです。

世界《せかい》で初《はじ》めての手話《しゅわ》は一七五〇年代《ねんだい》に、フランス人のレペという神父《しんぷ》が作りました。あるとき、レペ神父《しんぷ》は、耳が不自由《ふじゆう》な子どもたちに勉強《べんきょう》を教えることになりました。けれども、子どもたちは、神父《しんぷ》が話す言葉《ことば》を聞きとることができません。どうすれば、子どもたちと会話ができるのか、どうやって勉強《べんきょう》を教えればいいのか、レペ神父《しんぷ》はとまどいました。

でも、その答えは、子どもたちの様子《ようす》を見ているときにわかりました。子どもたちはおたがいに、手や指《ゆび》を動《うご》かしたり、身《み》ぶりを使《つか》ったりして、思っていることを伝《つた》えあっていました。「これがこの子たちの言葉《ことば》だ」と思ったレペ神父《しんぷ》は、手や指《ゆび》の動《うご》かし方《かた》、身《み》ぶり、その意味《いみ》などを子どもたちに教わり、それらを整理《せいり》して、新しい表現《ひょうげん》も作って、単語《たんご》の数を増《ふ》やしていきました。

さらに文法《ぶんぽう》を考えて文章《ぶんしょう》を作ることができるようにしました。そしてこれを、子どもたちとの共通《きょうつう》の言葉《ことば》にしたのです。手話《しゅわ》はこの

ようにして生まれました。

日本で手話《しゅわ》が生まれたのは、それから約《やく》百二十年後の一八七八年です。日本の手話《しゅわ》の始《はじ》まりも、フランスの場合とほとんど同じです。古河太四郎《ふるかわたしろう》という小学校の先生が、子どもたちの身《み》ぶり手ぶりを観察《かんさつ》して、それをもとに、日本の手話《しゅわ》を作りました。

現在《げんざい》、手話《しゅわ》は世界《せかい》の国ぐにで使《つか》われています。でも、手話《しゅわ》の表現《ひょうげん》の方法《ほうほう》は、国によってちがいます。それは、その国の文化《ぶんか》、習慣《しゅうかん》、生活などと深《ふか》い関係《かんけい》があるからです。

例《たと》えば「食べる」は、日本の手話《しゅわ》では、はしでご飯《はん》を食べるような身《み》ぶりで表《あらわ》します。

アメリカの手話《しゅわ》　日本の手話《しゅわ》

アメリカの手話《しゅわ》では、手でパンをつまんで、口に入れるような身《み》ぶりをします。昔《むかし》から、日本人はお米を、アメリカ人はパンを食べるという、食文化《しょくぶんか》があるからです。

ところで、手話《しゅわ》では、手や指《ゆび》の動《うご》きだけでなく、顔の表情《ひょうじょう》や視線《しせん》、口の形、首のかたむけ方《かた》なども、大切な表現《ひょうげん》の方法《ほうほう》になっています。

「ほんとう」という手話《しゅわ》は、右手の手のひらを立てて、人さし指《ゆび》を、あごにトントンと二回くらいつけます。このときに、うれしそうな表情《ひょうじょう》をすると、「それ、ほんとう？ うれしい！」といった意味《いみ》になります。まゆをひそめると、「ほんとうにだいじょうぶ？」と、うたがったり心配《しんぱい》するような気持《きも》ちがこめられ、また、目を大きく見開《みひら》くと、「ほんとうなの？ 信《しん》じられない！」と、びっくりした気持《きも》ちを表《あらわ》すことができます。

手話《しゅわ》はこのように、全身《ぜんしん》を使《つか》う、表現力《ひょうげんりょく》の豊《ゆた》かな言葉《ことば》なのです。

曜日は、だれが決《き》めたの？

曜日ができたのは、今から二千五百年から二千七百年前。作ったのは、今のイラクという国のあたりにあった、バビロニアという国の人たちです。バビロニア人は、古くから天文学を研究《けんきゅう》していて、太陽《たいよう》と月、そして土星、木星、火星、金星、水星の五つの惑星《わくせい》には、何か特別《とくべつ》な力があると信《しん》じていました。ほかの星の間を動《うご》きまわったり、ほかの星よりも明るく光っているからです。また、月が満月《まんげつ》や新月になると、地球《ちきゅう》にある海の水の満《み》ち引《ひ》きが

大きくなります。太陽《たいよう》が見えている間は、昼という時間になり、かくれている間は夜という時間になります。

だから、太陽《たいよう》と月、五つの惑星《わくせい》を「地球《ちきゅう》のいろいろな動《うご》き、時間など、あらゆるものを支配《しはい》する神様《かみさま》のようなもの」と感《かん》じたのです。

バビロニア人は時間のこともくわしく研究《けんきゅう》していて、すでに、「一週間」という考えを持《も》っていました。そして、一週間のそれぞれの日が、星に支配《しはい》されていると考えました。

まず、週の一日目を支配《しはい》しているのは、土星です。そしてこの日は、土星の日という意味《いみ》で、「土曜日」とされました。

週の二日目を支配《しはい》しているのは、太陽《たいよう》です。漢字《かんじ》では、太陽《たいよう》を「日輪《にちりん》」と

書き表《あらわ》すことがあります。日輪《にちりん》の日だから「日曜日」です。三日目を支配《しはい》するのは月。だから「月曜日」です。四日目を支配《しはい》するのは火星で、「火曜日」。五日目を支配《しはい》するのは水星で、「水曜日」。六日目を支配《しはい》するのは木星で、「木曜日」。そして七日目を支配《しはい》するのは金星だから、「金曜日」というわけです。これがバビロニア人の考えだした曜日というしくみです。

でも、今とちがって土曜日が一週間の始《はじ》まりになっていますね。バビロニア人は星の動《うご》きを目で観察《かんさつ》して、土星が地球《ちきゅう》から一番遠く

にあることを知っていました。そして、その土星こそが一番強い力を持《も》つ星だと考えたのです。週の最初《さいしょ》の日が、土星の日になったのはそのような理由《りゆう》からです。

一週間は日曜日から始《はじ》まって土曜日に終《お》わる、と考えられるようになったのは、約《やく》千七百年前ごろからです。

日本に曜日という考え方が入ってきたのは、約《やく》千二百年前の平安時代《へいあんじだい》ですが、うらないに使《つか》われたくらいで、生活の中には広まりませんでした。

実際《じっさい》に曜日が生活の中に入ってきたのは、約《やく》百五十年前、明治時代《めいじじだい》の初《はじ》めからです。

画数が一番多いのは、どんな漢字《かんじ》なの？

画数が多い漢字《かんじ》を、自分でさがしてみましょう。漢和辞典《かんわじてん》を開いてみてください。漢和辞典《かんわじてん》には、部首《ぶしゅ》や、漢字《かんじ》の画数をたよりにして、読みや意味《いみ》を調《しら》べることができる「さくいん」があります。

その中の総画《そうかく》さくいんは、「一画」の漢字《かんじ》から画数の多いものへ順番《じゅんばん》にならんでいます。小学校六年間で習う漢字《かんじ》で、画数が最《もっと》も多いのは「議《ぎ》」、「護《ご》」、「競《きょう》」の三つですが、これらは二十画です。でも、さくいんには、もっとたくさんの漢字《かんじ》がならんでいます。最後《さいご》に出てくるのは、どんな漢字《かんじ》でしょうか。

いくつかの辞典《じてん》では、三十三画の「麤」が最後《さいご》です。麤は訓読《くんよ》みでは「あらい」、音読みでは「ソ・ス」と読みます。動物《どうぶつ》のシカを表《あらわ》す「鹿」を三つ合わせて、シカが集《あつ》まって遠くへ走っていく様子《ようす》を文字にしたものです。その様子《ようす》が、あらあらしいことから、「あらい」という意味《いみ》になりました。

でも、辞典《じてん》によっては、ほかの三十三画の漢字《かんじ》や、三十四画の漢字《かんじ》がのっていることもあります。実《じつ》は、漢字《かんじ》には、今は使《つか》われていない文字がたくさんあります。それを、どこまで集《あつ》めるかによって、内容《ないよう》がちがってきます。

辞典《じてん》にのっている漢字《かんじ》の数も、五千字から二万字ぐらいまでとさまざまです。
漢和辞典《かんわじてん》の中で、最《もっと》も漢字《かんじ》が多く取《と》りあげられているものが『大漢和辞《だいかんわじ》典《てん》』で、全部《ぜんぶ》で十三巻《かん》あって、約《やく》五万字の漢字《かんじ》がのっています。中国《ちゅうごく》にもこれほどの辞典《じてん》はないので世界最大《せかいさいだい》の漢字《かんじ》の辞典《じてん》です。

この辞典《じてん》には、六十四画の漢字《かんじ》があります。「龍《たつ》」という文字が四つ合わさった「𪚥」で、「テツ・テチ」と読み、「言葉《ことば》が多いこと」を意味《いみ》します。龍《たつ》が四つで「言葉《ことば》が多いこと」なんて、少し不思議《ふしぎ》ですね。

『大漢和辞典《だいかんわじてん》』には、「興《きょう》」を四つ合わせた「𠔻」という六十四画の文字も、のっています。読みは「セイ」ですが、意味《いみ》は、今ではわかりません。

というわけで、最《もっと》も画数が多い漢字《かんじ》は六十四画の「𪚥」と「𠔻」であるということが、とりあえずの結論《けつろん》です。

なぜ、「とりあえず」というかといえば、『大漢和辞典《だいかんわじてん》』にのっていないけれど、使《つか》われていた漢字《かんじ》があるかもしれないからです。

その中で知られているのが、「雲」が三つと「龍《たつ》」を三つ合わせた文字で、「𱁬」と書き、八十四画もあります。「タイト・オトド」と読み、人の名字だったといわれています。

しかし、現在《げんざい》では、この漢字《かんじ》の名字の人はだれもいません。もしかしたら、だれかが勝《かっ》手《て》に作っただけかもしれません。でも、現在《げんざい》、お店の名前として看板《かんばん》などに使《つか》われることはあるそうです。

それにしても、そんな名字がほんとうにあったら、名前を書くだけでもたいへんですね。

昔《むかし》の音楽家のかみは、どうして長くて、くるくるしているの？

昔《むかし》のヨーロッパの音楽家は、見慣《みな》れないかみ形をしています。学校の音楽室や音楽の教科書などで、見てみましょう。

バッハは、頭全体《あたまぜんたい》のかみを、くるくるとまいています。モーツァルトは、耳の上あたりのかみを、くるりとまいています。

モーツァルト（1756～1791年）

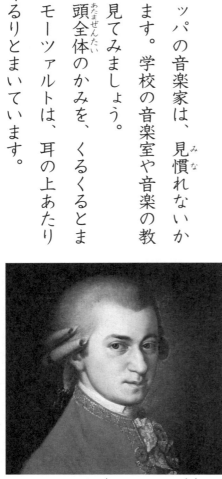

どうして、そのようなかみ形をしているのでしょう。

実《じっ》は、バッハやモーツァルトはかつらをかぶっているのです。ヨーロッパでは昔《むかし》、くるくるとカールしたかみ形のかつらが、男の人の正装《せいそう》だったのです。正装《せいそう》とは、正式《せいしき》な服装《ふくそう》ということです。

始《はじ》まりは、今から四百年ほど前の一六一〇年にフランス国王になった、ルイ十三世《せい》です。ルイ十三世《せい》は、二十二歳《さい》のころに病気《びょうき》にかかって、かみがぬけてしまいました。今でいう、ストレスの病気《びょうき》だったようです。そこで、うすくなったかみの毛をかくすために、かつらをかぶりはじめました。

次《つぎ》に国王になったルイ十三世《せい》の子どもの、ルイ十四世《せい》も、かつらをかぶりました。ルイ十四世《せい》は、身長《しんちょう》が約《やく》百六十センチ。背《せ》が低《ひく》いことを、気にしていました。だから、少しでも背《せ》を高く見せようとして、かみ全体《ぜんたい》をくるくるとまいて、頭のてっぺんをもりあげた、かつらを使《つか》うようになりました。

貴族《きぞく》たちはそのかつらを見て、はなやかで、おしゃれだと思いました。そして、みんなでまねを始《はじ》めました。

やがて、かつらはヨーロッパのほかの国にも広まって、身分《みぶん》の高い男の人たちの正装《せいそう》になったのです。当時のかつらはとても高価《こうか》だったので、立派《りっぱ》なかつらをかぶることが、地位《ちい》、権力《けんりょく》、富《とみ》などを表《あらわ》すことにもなっていました。

バッハやモーツァルトは、ちょうどそのころに、国王や貴族《きぞく》のやしきによばれて、演奏会《えんそうかい》などを行っていた音楽家です。音楽家たちも、国王や貴族《きぞく》に会うときは、かつらをかぶって、正装《せいそう》をしていました。音楽の教科書にのっている絵は、そのすがたをえがいたものなのです。

でも、中には、かみが短《みじか》い音楽家もいます。

一七八九年、フランスで革命《かくめい》が起《お》こると、国王はたおされて、貴族《きぞく》たちの力は失《うしな》われました。それとともに、高価《こうか》でぜいたくなかつらも、使《つか》われなくなりました。だから、革命《かくめい》より前の音楽家である、バッハやモーツァルトはかつらをかぶっていますが、それよりあとの、シューベルト、ショパン、メンデルスゾーンなどは、かつらをかぶっていないのです。

ほとんどの国で、かつらをかぶる習慣《しゅうかん》はなくなってしまいましたが、イギリスには今でも残《のこ》っています。国会の議長《ぎちょう》と、裁判所《さいばんしょ》の裁《さい》判官《ばんかん》と弁護士《べんごし》は、正装《せいそう》をするときには、かつらをかぶることになっています。

ショパン（1810〜1849年）

お札《さつ》の肖像画《しょうぞうが》の人物《じんぶつ》って、どうやって選《えら》んでいるの？

現在《げんざい》、日本で発行《はっこう》されている紙幣《しへい》（お札《さつ》）は、千円札《さつ》、二千円札《さつ》、五千円札《さつ》、一万円札《さつ》の四種類《しゅるい》です。このうち、二千円札《さつ》をのぞく三種類《しゅるい》の紙幣《しへい》は、二〇二四年に新しいデザインに変《か》わり、紙幣《しへい》の肖像画《しょうぞうが》として使《つか》われる人物《じんぶつ》も次《つぎ》のように変《か》わる予定《よてい》です。

【千円札《さつ》】野口英世《のぐちひでよ》→北里柴三郎《きたさとしばさぶろう》　【五千円札《さつ》】樋口一葉《ひぐちいちよう》→津田梅子《つだうめこ》

【一万円札《さつ》】福沢諭吉《ふくざわゆきち》→渋沢栄一《しぶさわえいいち》

北里柴三郎《きたさとしばさぶろう》はペスト菌《きん》を発見《はっけん》した細菌学者《さいきんがくしゃ》、津田梅子《つだうめこ》は女子教育《きょういく》に力を注《そそ》いだ教育者《きょういくしゃ》、渋沢栄一《しぶさわえいいち》は日本で初《はじ》めての銀行《ぎんこう》や多くの会社などを立ち上げた実業家《じつぎょうか》です。

ところで、紙幣《しへい》の肖像画《しょうぞうが》になる人は、どうやって選《えら》ばれるのでしょう。

初《はじ》めて日本の紙幣《しへい》に肖像画《しょうぞうが》が使《つか》われたのは一八八一年のこと。それ以来《いらい》、肖像画《しょうぞうが》に十七人が登場《とうじょう》し、二〇二四年には合わせて二十人になります。これまで、政治家《せいじか》や研究者《けんきゅうしゃ》、文学者《ぶんがくしゃ》など、いろいろな分野《ぶんや》から選《えら》ばれ、中には聖徳太子《しょうとくたいし》のように七回も登場《とうじょう》した人もいます。

5000円
津田梅子《つだうめこ》

1000円
北里柴三郎《きたさとしばさぶろう》

10000円
渋沢栄一《しぶさわえいいち》

紙幣《しへい》の肖像画《しょうぞうが》になる人を選《えら》ぶときには、財務省《ざいむしょう》、日本銀行《ぎんこう》、国立印刷局《こくりついんさつきょく》の三者《しゃ》が話し合い、その時の財務大臣《ざいむだいじん》が最終的《さいしゅうてき》に決定《けってい》します。選考《せんこう》では、おおむね次《つぎ》のようなことが基準《きじゅん》になります。

・国民《こくみん》が世界《せかい》にほこれる人物《じんぶつ》であること。

・教科書にのっているなど、よく知られている人物《じんぶつ》であること。

・できるだけ正確《せいかく》な写真《しゃしん》や絵画《かいが》が残《のこ》っていること。

また、女性《じょせい》の社会進出《しゃかいしんしゅつ》の先がけとなった樋口一葉《ひぐちいちよう》のように、新しい時代《じだい》を表《あらわ》していることも、最近《さいきん》では選《えら》ぶ理由《りゆう》の一つになっているようです。

正確《せいかく》な写真《しゃしん》や絵画《かいが》が理由《りゆう》にあげられているのは、偽造防止《ぎぞうぼうし》のためです。わたしたちの目は、日ごろ見慣《みな》れているもの、よく知っている人の顔《かお》や表情《ひょうじょう》などにはとてもびん感《かん》で、わずかなちがいにも気づきやすいという特性《とくせい》があります。教科書などでよく知る人物《じんぶつ》ならなおさらのことで、例《たと》えばひとみの光など細《こま》かい点《てん》一つあるだけでも、いつも見慣《みな》れている顔とちがうと気づきやすいのです。

今《いま》の紙幣《しへい》には、すかしやホログラム（特《とく》しゅなフィルムに印刷《いんさつ》した立体画像《りったいがぞう》）を入れるなど、紙幣《しへい》の偽造《ぎぞう》を防《ふせ》ぐためのいろいろな最新技術《さいしんぎじゅつ》が使《つか》われていますが、人の目も偽造防止《ぎぞうぼうし》に一役買《ひとやくか》っているのです。

偽造防止《ぎぞうぼうし》といえばこんな話《はなし》もあります。次《つぎ》の一万円札《さつ》の肖像画《しょうぞうが》になる渋沢栄一《しぶさわえいいち》は、過去《かこ》にも一度《ど》候補《こうほ》になりましたが、ひげを生やしていないという理由《りゆう》で落選《らくせん》したといわれています。当時《とうじ》は細《こま》かいひげがえがかれているほうが偽造《ぎぞう》されにくいということでしたが、技術《ぎじゅつ》が進《すす》んだ現在《げんざい》では、ひげがなくてもよいというわけです。

ポン酢《ず》の「ポン」って、どういう意味《いみ》？

みなさんは、どんな料理《りょうり》にポン酢《ず》を使《つか》いますか。魚料理《りょうり》やしゃぶしゃぶのときに、野菜《やさい》や魚、肉をポン酢《ず》につけて食べると、さっぱりした味《あじ》になりますね。サラダにかける人もいるでしょう。

ポン酢《ず》は、ユズ、レモン、スダチ、ダイダイなど、ミカンのなかまの果物《くだもの》のしぼりじると、しょうゆを混《ま》ぜて作る調味料《ちょうみりょう》です。これを考えたのは、日本人です。でも、「ポン酢《ず》」という名前は、オランダ語の「ポンス」からきています。

オランダのポンスは、お酒《さけ》のことです。ぶどう酒《しゅ》、ブランデー、ウィスキーなどのお酒《さけ》に、果物《くだもの》のしぼりじる、さとう、香辛料《こうしんりょう》などを加《くわ》えて作ります。約《やく》三百年から四百年前の江戸《えど》時代《じだい》に、オランダ人によって、長崎《ながさき》に伝《つた》えられました。オランダ人たちは、食事《しょくじ》の前などに、よく飲《の》んでいたようです。

でも、日本ではまったく広まらず、お酒《さけ》のポンスはいつの間にか消《き》えてしまいました。日本で、ポンスがポン酢《ず》になったことについては、おもに二つの話が伝《つた》わっています。

オランダのポンス　　日本のポン酢《ず》

一つは、ポンスが「ポンズ」に変化《へんか》して、「ズ」に「酢《す》」という字を当てたという話。もう一つは、ポンスの「ス」に、「酢《す》」という字を当てて、「ポン酢《ず》」と読むようになった、という話です。

「酢《す》」という字は、当て字です。もともと、お酢《す》が使《つか》ってあったわけではありません。そして、「ポン」という言葉《ことば》にも、特《とく》に意味《いみ》はありません。

日本人は、果物《くだもの》のしぼりじると、しょうゆを混《ま》ぜた調味料《ちょうみりょう》を考えだして、「ポン酢《ず》」とよぶようになったのです。

ところで、ポンスがオランダからやってきたのと同じころ、日本のしょうゆは、オランダ人によって、東南アジアやヨーロッパの国にしょうかいされ、人気になりました。特《とく》にオランダでは「遠い東の国のめずらしい調味料《ちょうみりょう》」とよばれ、高いねだんで取《と》り引《ひ》きされていたそうです。当時のフランスの国王や女王も、しょうゆで味《あじ》つけした料理《りょうり》を食べていたようです。

コシヒカリなど、日本にお米の種類《しゅるい》は、どれくらいあるの？

「森のくまさん」、「ゴロピカリ」、「にこまる」。これ、なんだと思いますか。歌の題名《だいめい》？　薬《くすり》の名前？　新しいアニメのキャラクター？

いえいえ、どれもお米の名前です。

「コシヒカリ」、「あきたこまち」、「ひとめぼれ」という名前は、みなさんも聞いたことがあるでしょう。日本では、ほかにもたくさんの種類《しゅるい》のお米が作られています。今、全国《ぜんこく》で作られているお米は、なんと二百九十種類《しゅるい》くらいあります。

なぜこんなに種類《しゅるい》が多いのかというと、品種改良《ひんしゅかいりょう》をしているためです。品《ひん》種改良《しゅかいりょう》というのは、作物《さくもつ》などの性質《せいしつ》を変《か》えて、よりよいものを作ることです。

例《たと》えば、「味《あじ》はおいしいけれど、虫がつきやすい」というお米があるとしましょう。おいしいのはいいことです。でも、虫がつくと、お米が全部《ぜんぶ》だめになってしまうこともあるので、こまります。もしも「おいしくて、虫がつきにくいお米」があったら、そのほうがいいですね。それなら、そういうお米を作ろう、というわけです。

コシヒカリは、「味《あじ》のいいお米を作りたい」と考えて研究《けんきゅう》した人たちが、一九五五年に作ったお米です。おいしくて、とても人気があり、今では北海《ほっかい》道《どう》や東北《とうほく》の一部、沖縄県《おきなわけん》をのぞくほとんどの都府県《とふけん》でさいばいされています。

そんなに人気なら、お米はコシヒカリ一種《いっしゅ》だけでよいのでは、と思うかもしれませんが、それはむずかしいのです。コシヒカリには、お米が実《みの》る時期《じき》がおそいという性質《せいしつ》があります。そのため、冬が早くやってくる北海道《ほっかいどう》や東北地方《とうほくちほう》の北部《ほくぶ》などでは、お米が実《みの》る前に寒《さむ》くなってしまい、うまく育《そだ》たないのです。そこで、これらの地方では、「おいしくて、寒《さむ》さにも強いお米」を作る研究《けんきゅう》が、ずっと続《つづ》けられました。

そしてできあがったお米の一つが、北海道《ほっかいどう》で作られた「きらら３９７」です。昔《むかし》から、寒《さむ》さがきびしい北海道《ほっかいどう》ではお米

寒《さむ》さに強いよ！　おいしいよ！

が育《そだ》たない、といわれてきました。でも、寒《さむ》さに強い「きらら397」というお米ができたおかげで、北海道《ほっかいどう》でもたくさんのお米が収《しゅう》かくできるようになりました。今では北海道《ほっかいどう》のお米の生産量《せいさんりょう》は、全国第《ぜんこくだい》二位《い》です。

　このように、寒《さむ》い地方の農家《のうか》では、「寒《さむ》さに強いお米」が必要《ひつよう》です。そして、お米を買って食べる人たちは、「もっとおいしいお米が食べたい」、「もうすこしねだんの安《やす》いお米があったらいいな」と思ったりします。そういう、いろいろな

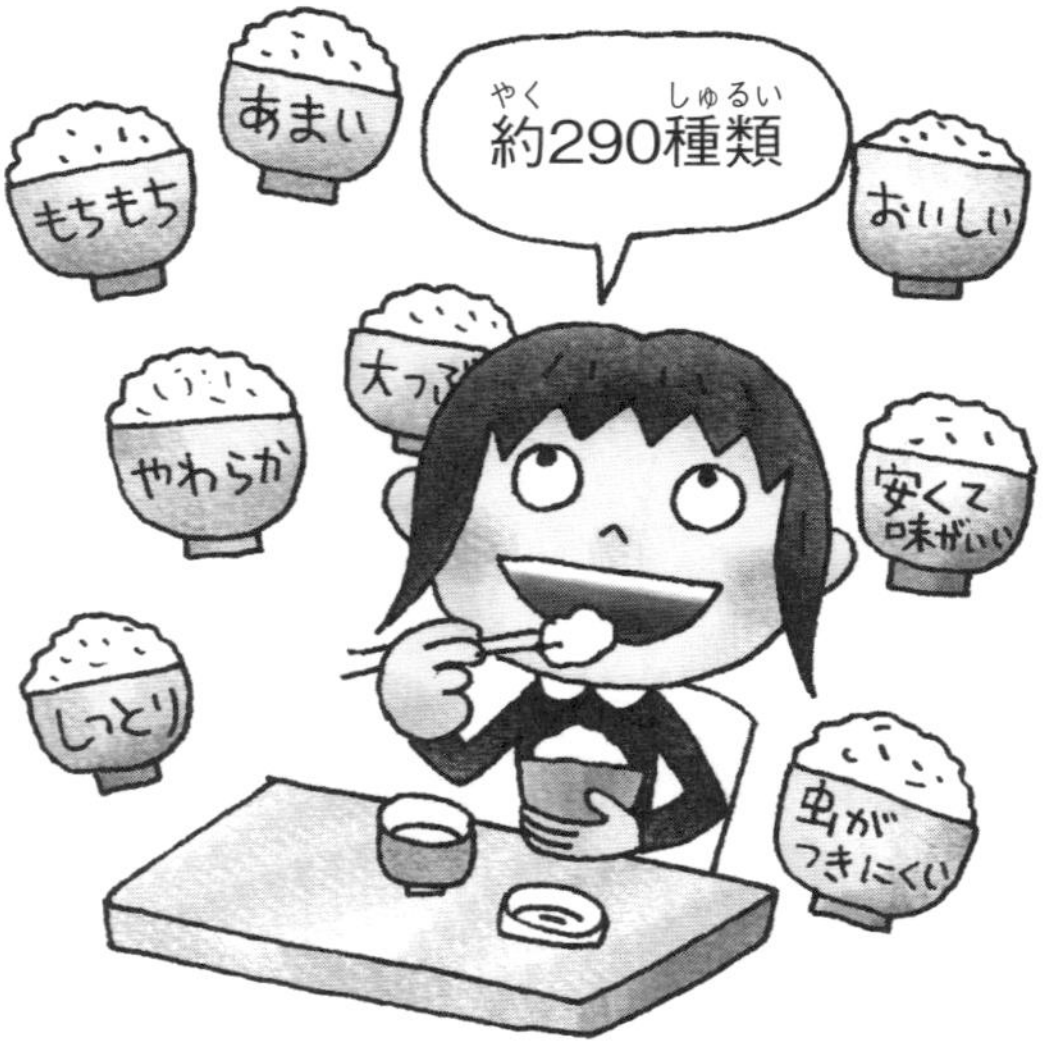

要望《ようぼう》に合わせたお米が全国《ぜんこく》のあちらこちらで作られて、現在《げんざい》、約《やく》二百九十種《しゅ》類《るい》のお米がさいばいされています。

日本でお米が作られるようになったのは、約《やく》三千年前の縄文時代《じょうもんじだい》です。それ以来《いらい》、日本人は、お米を食べつづけてきました。「もっとおいしいお米が食べたい」という気持《きも》ちから、数多くの品種《ひんしゅ》が作られました。

最近《さいきん》は、冷《さ》めてもかたくなりにくいお米、というのが作られています。このお米は、お弁当《べんとう》やおにぎりにぴったりです。アレルギーがあってお米がなかなか食べられない、という人に向《む》けたお米も研究《けんきゅう》されています。これからも、新しい種類《しゅるい》のお米がどんどん作りだされていくでしょう。

なお、お米は日本だけでなく、アジア、アメリカ、オーストラリアなど、世界《せかい》の国ぐにで作られていて、外国にもたくさんのお米の品種《ひんしゅ》があります。

知ってびっくり!!

こんなにいろいろ！日本各地《かくち》のおぞうにを見てみよう！

お米には、ご飯《はん》以《い》外《がい》にもいろいろな食べ方があり、むしたもち米をついて作るおもちは代表的《だいひょうてき》です。

正月に食べるぞうには、年神様《としがみさま》におそなえしたおもちを、ほかの具材《ぐざい》といっしょににます。自然《しぜん》のめぐみに感謝《かんしゃ》しながら食べる大切な行事食《ぎょうじしょく》です。各地《かくち》には、その土地の食材《しょくざい》を取《と》りいれたいろいろなぞうにがあります。特《とく》ちょうのあるぞうにをしょうかいしましょう。

岩手県《いわてけん》のぞうに

すましじる（しょうゆ味《あじ》のすんだしる）で、おもちをくるみだれにつけて食べるのが特《とく》ちょう。

関東《かんとう》のぞうに

とり肉などを入れたすましじる。おもちは焼《や》いて入れます。

新潟県《にいがたけん》のぞうに

にぼしでだしをとったしるで、しあげにサケとイクラをのせます。

京都府《きょうとふ》のぞうに

あまみのある白みそのしるが特《とく》ちょうです。

広島県《ひろしまけん》のぞうに

すましじるに、名物《めいぶつ》のカキを入れます。

島根県《しまねけん》のぞうに

アズキとさとうを入れてにたあまいしるに、丸もちを入れます。

香川県《かがわけん》のぞうに

白みそを入れたしるに、あんこの入った丸もちを入れます。

鹿児島県《かごしまけん》のぞうに

焼《や》いた干《ほ》しエビからとっただしのぞうにです。

※各地《かくち》の代表的《だいひょうてき》なぞうにをしょうかいしています。地域《ちいき》や家庭《かてい》によって、食材《しょくざい》などがちがうこともあります。

あなたの住《す》んでいるところは どんなおもち？

おもちは時間がたつとかたくなるため、やわらかいうちに小さく食べやすい形《かたち》にする必要《ひつよう》があります。実《じつ》は、日本の東と西で、この、おもちの形《かたち》がちがいます。

東日本では、ついたおもちを箱《はこ》などに大きく広げ、少《すこ》しかたまってから小さく四角に切るのが一般的《いっぱんてき》です。これを「切りもち」といいます。西日本《にしにほん》では、ついてすぐ、かたくならないうちに、小さく丸めた「丸もち」にすることが多くなっています。

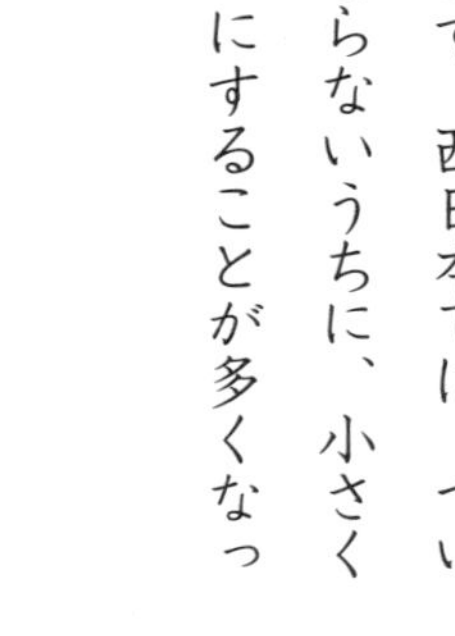

丸《まる》もち

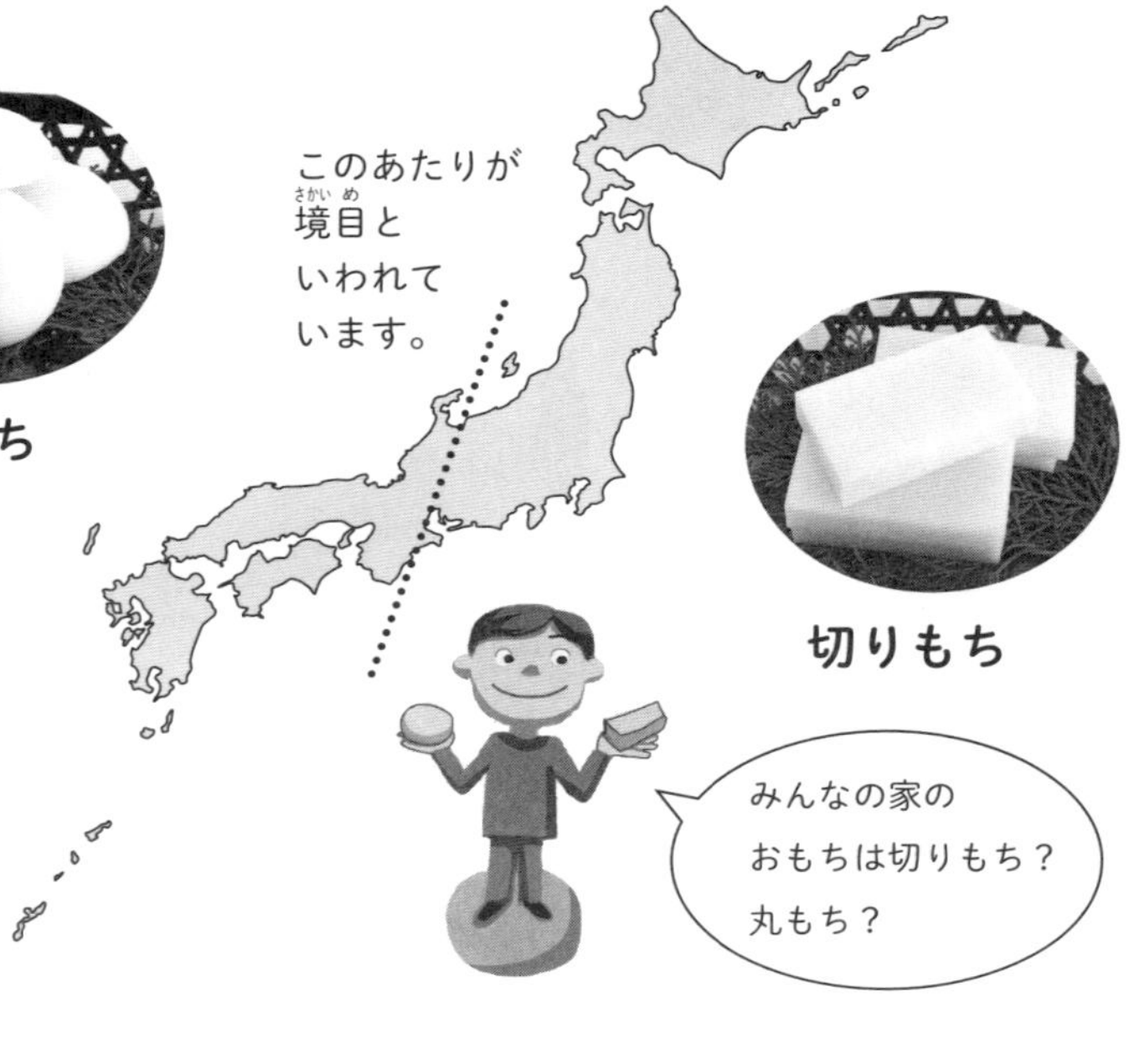
このあたりが
境目《さかいめ》と
いわれて
います。
みんなの家の
おもちは切りもち？
丸もち？

切りもち

文・グループ・コロンブス　絵・後藤範行　知ってびっくり！マーク・森 佳世

生活の、なぜ？ どうして？②

文・丹野由夏（48～72ページ）
鎌田達也（グループ・コロンブス）（73～76ページ）
絵・斉藤ワカメ

鏡《かがみ》って、どうやって作るの？

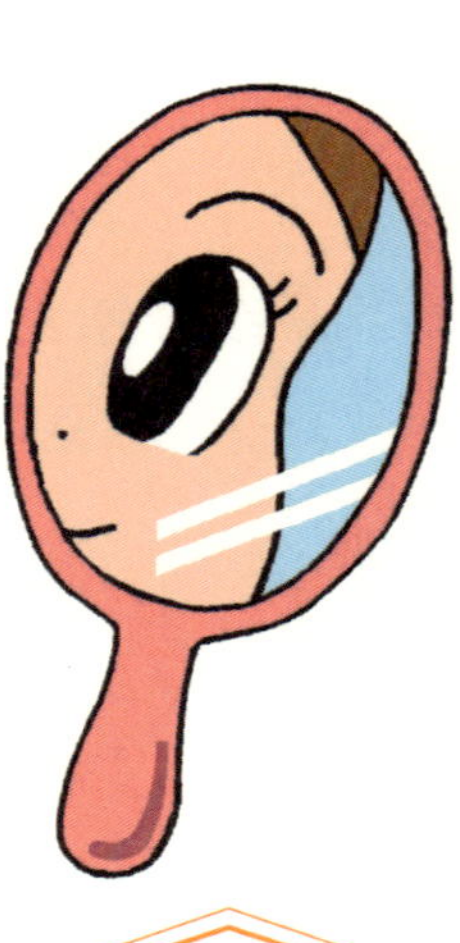

家にある鏡《かがみ》の表面《ひょうめん》を、そっとさわってみてください。つるつるして、かたい、きれいな平面《へいめん》になっていることが、わかりますね。これは、とう明なガラスの板《いた》です。

そして、ガラスの板《いた》のうら面《めん》には、光をよく反射《はんしゃ》するうすい銀《ぎん》のまくが、はりつけられています。鏡《かがみ》の前に立つと、銀《ぎん》のまくがガラスの板《いた》から入った光を反射《はんしゃ》するので、自分のすがたがはっきりとうつるのです。

大昔《おおむかし》は、水をくんで、水面《すいめん》に自分のすがたをうつしていました。やがて、金属《きんぞく》や石をよくみがいて、鏡《かがみ》として使《つか》うようになりました。しかし、鏡《かがみ》は平《たい》らでないと、うつったものが曲《ま》がったり、ゆがんだりしてしまいます。

今から七百年ほど前、ベネチア*の職人《しょくにん》が、ガラスのうらに金属《きんぞく》のまくをつけて、よく見える鏡《かがみ》を発明《はつめい》してから、このやり方が広まりました。

その後《ご》、平《たい》らなガラス板《いた》の作り方や、はりつける金属《きんぞく》のまくについて、いろいろと改良《かいりょう》されてきました。

では、現在《げんざい》の鏡《かがみ》の作り方を、見てみましょう。

＊ベネチア…現在《げんざい》のイタリア

①ガラスのもとを作ります。けい砂《さ》という材料《ざいりょう》に、石灰石《せっかいせき》などを混《ま》ぜて、千五百度《ど》以上《いじょう》の高温《こうおん》で熱《ねっ》すると、とけて真《ま》っ赤《か》などろどろになります。これがガラスのもとです。

②ガラスのもとをうすくのばし、平《たい》らな板《いた》ガラスを作ります。

③板《いた》ガラスの表面《ひょうめん》をよくあらって、よごれを取《と》りのぞきます。

④板《いた》ガラスに、銀《ぎん》をとかした液《えき》をふきつけて、板《いた》ガラスの上に銀《ぎん》のまくをはります。ただし銀《ぎん》はとてもやわらかく、きずがつきやすいので、保護《ほご》するために、さらに金属《きんぞく》や合成《ごうせい》じゅしなどをぬります。これで鏡《かがみ》のできあがりです。

ガラスを使《つか》った鏡《かがみ》は、ゆがみがなく、きれいにうつりますが、われやすいという欠点《けってん》があります。そこで、スポーツをする場所《ばしょ》や、小さな子どもがいる場所《ばしょ》など、ガラスを使《つか》うと危険《きけん》な場所《ばしょ》では、とう明なプラスチックに金属《きんぞく》のまくをつけた鏡《かがみ》が使《つか》われることもあります。

けいたい電話は、どうやってつながるの？

けいたい電話は、いつでもいろいろな相手《あいて》と話ができたり、メールのやりとりができたりして、とても便利《べんり》です。けいたい電話は電波《でんぱ》を使《つか》ってほかの電話とつながっていることは、知っている人も多いでしょう。

でも、相手《あいて》のけいたい電話に直接電波《ちょくせつでんぱ》がつながるのではありません。けいたい電話の電波《でんぱ》は、数キロメートルしかとどかないのです。電波《でんぱ》のつなぎ目の役割《やくわり》をする「局《きょく》」というものが間に入って、相手《あいて》とつないでくれます。

例《たと》えば、東京《とうきょう》のA《エー》さんのけいたい電話から大阪《おおさか》のB《ビー》さんのけいたい電話に電話をかけるとしましょう。

A《エー》さんのけいたい電話で、B《ビー》さんのけいたい電話の番号《ばんごう》をおします。するとまず、東京《とうきょう》の、A《エー》さんに一番近い「基地局《きちきょく》」に電《でん》波《ぱ》がとどきます。ビルの上などには、よく小さなアンテナが立っていますが、その中のいくつかが、けいたい電話の基地局《きちきょく》です。電波《でんぱ》のとどきにくい地下街《ちかがい》などに設置《せっち》されていることもあります。

A《エー》さんがかけた電話は、基地局《きちきょく》につな

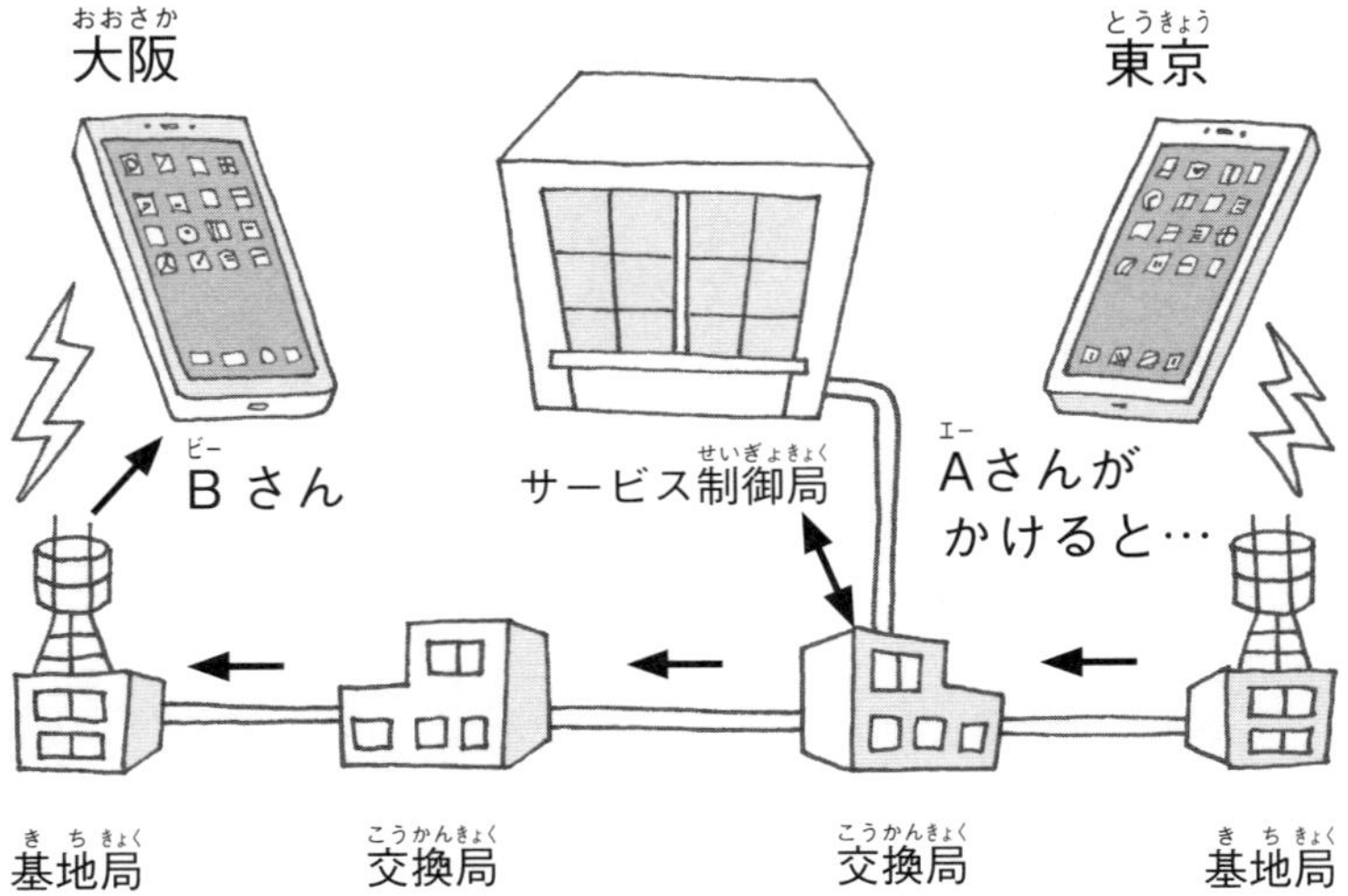

けいたい電話がつながるしくみ

がっている「交換局《こうかんきょく》」に送《おく》られます。交換局《こうかんきょく》では、B《ビー》さんのけいたい電話がどこにいるかを、サービス制御局《せいぎょきょく》に問《と》いあわせて調《しら》べ、大阪《おおさか》の交換局《こうかんきょく》に、電話をつなぎます。そして、B《ビー》さんがいるところに一番近い基地局《きちきょく》から、B《ビー》さんのけいたい電話に電波《でんぱ》が送《おく》られ、電話がかかってきたことを知らせます。

言葉《ことば》で表《あらわ》すと長くなりますが、これらの作業《さぎょう》は機械《きかい》が自動《じどう》で行うので、電話をかけてから相手《あいて》につながる時間は、ほんの数秒《すうびょう》しか、かかりません。つながったあとは、話した声が電波《でんぱ》に変《か》えられて送《おく》られます。

ところで、そのけいたい電話がどの基地局《きちきょく》の近くにいるのか、どうやってわかるのでしょうか。

けいたい電話は、電話をかけたり、メールをやりとりしなくても、電源《でんげん》の入っているときはいつも電波《でんぱ》を出して、基地局《きちきょく》に位置《いち》を知らせています。このようにして、そのけいたい電話が今どこにいるかがわかっているので、すぐに電話をつなぐことができるのです。

しかし、みんながいっせいに電話をかけると、つながらなくなることがあります。一つの基地局《きちきょく》があつかう電波《でんぱ》の量《りょう》は限《かぎ》られ、たくさんの人が同時にかけると、消防《しょうぼう》や警察《けいさつ》などの、きんきゅうの電話が使《つか》えなくなってしまう危《き》険《けん》があります。このため、通話の全体量《ぜんたいりょう》を調整《ちょうせい》しているのです。

また、最近《さいきん》ではスマートフォンを使《つか》う人が増《ふ》えました。電話がつながるしくみはけいたい電話と同じですが、インターネットやＳＮＳ《エスエヌエス》（利《り》用者《ようしゃ》の交流《こうりゅう》のためのサービス）を使《つか》うのに、タッチパネルで操作《そうさ》するスマートフォンはとても便利《べんり》です。無料通話《むりょうでんわ》できるアプリ（特定《とくてい》の機《き》能《のう》を持《も》つソフトウェア）も使《つか》うことができます。

朝、家にとどく新聞は、いつ作っているの？

毎朝、みなさんが起《お》きる前にとどいている新聞には、前《まえ》の日《ひ》のできごとが記事《きじ》となって印刷《いんさつ》されていますね。いったい、なぜそんなに速《はや》く、ニュースを印刷《いんさつ》してとどけることができるのでしょうか。

新聞は、新聞社と、印刷工場《いんさつこうじょう》が協力《きょうりょく》して作っています。

新聞社では、記者《きしゃ》がいろいろなできごとを取材《しゅざい》し、原稿《げんこう》を書きます。ここでは、夜七時から行われたサッカーの試合《しあい》の結果《けっか》を、翌日《よくじつ》の朝刊《ちょうかん》にのせるときの流《なが》れを見てみましょう。

この試合《しあい》を現場《げんば》で取材《しゅざい》した記者《きしゃ》は、試合《しあい》の終《お》わった九時半ごろまでに大急《おおいそ》ぎで原稿《げんこう》を書き、紙面《しめん》のまとめ役《やく》である「デスク」という人にメールで送《おく》ります。いっしょに試合《しあい》を取材《しゅざい》したカメラマンも、とった写真《しゃしん》をメールなどで送《おく》ります。デスクはこの記事《きじ》と写真《しゃしん》をチェックし、ほかの記事《きじ》も見ながら、新聞のどこに、どのくらいの大きさで、どの順番《じゅんばん》でのせるかを決《き》めます。ニュースの大切さを判断《はんだん》して、記《き》事《じ》の大きさを決《き》めていく大事《だいじ》な作業《さぎょう》です。

続《つづ》いて、デスクが決《き》めたことをもとに、記事《きじ》をコンピュータで紙面《しめん》に配置《はいち》して、それぞれに見出しを

つけます。この仕事《しごと》をするのは編成部《へんせいぶ》（または整理部《せいりぶ》など）です。編成部《へんせいぶ》が作った紙面《しめん》の記事《きじ》は、記者《きしゃ》にもう一度《いちど》送《おく》りかえされます。記者《きしゃ》は内容《ないよう》をチェックし、確認《かくにん》します。同時に、文字のまちがいや、読んでおかしいところがないかどうか、別《べつ》の係《かかり》の人もきびしくチェックします。

しかし、そのあとに大きな事件《じけん》が起《お》こったり、追加《ついか》のニュースがとどいたりすると、そのたびに記事《きじ》の内容《ないよう》や位置《いち》が変《か》わります。こうして、すべての記事《きじ》のチェックが終《お》わり、朝刊《ちょうかん》の印刷《いんさつ》が始《はじ》まるのは深夜《しんや》です。

では、深夜《しんや》に印刷《いんさつ》が始《はじ》まった新聞が、次《つぎ》の日の朝に、各家庭《かくかてい》にすぐとどけられるのはなぜでしょうか。

それは、新聞を印刷《いんさつ》するための工場が全国各地《ぜんこくかくち》にあるからです。

新聞を印刷《いんさつ》する紙面《しめん》のデータは、できあがるとすぐに、新聞社から専用《せんよう》のネットワークを使《つか》って全国《ぜんこく》の印刷工場《いんさつこうじょう》に送《おく》られます。印刷工場《いんさつこうじょう》ではすぐに印《いん》刷《さつ》にとりかかります。新聞を印刷《いんさつ》する印刷機《いんさつき》のうち、最《もっと》も速《はや》いものは、一分間に千五百部《ぶ》以上刷《いじょうす》ることができます。

印刷工場《いんさつこうじょう》の外には、できあがった新聞を運《はこ》ぶためのトラックが何台も待《ま》っていて、印刷《いんさつ》が終《お》わるとすぐに積《つ》みこんで、新聞販売所《しんぶんはんばいじょ》へと向《む》かいます。

新聞販売所《しんぶんはんばいじょ》にとどいた新聞に、チラシなどをはさみこんでから、自転車《じてんしゃ》やバイクなどで各家庭《かくかてい》に配達《はいたつ》されるのです。

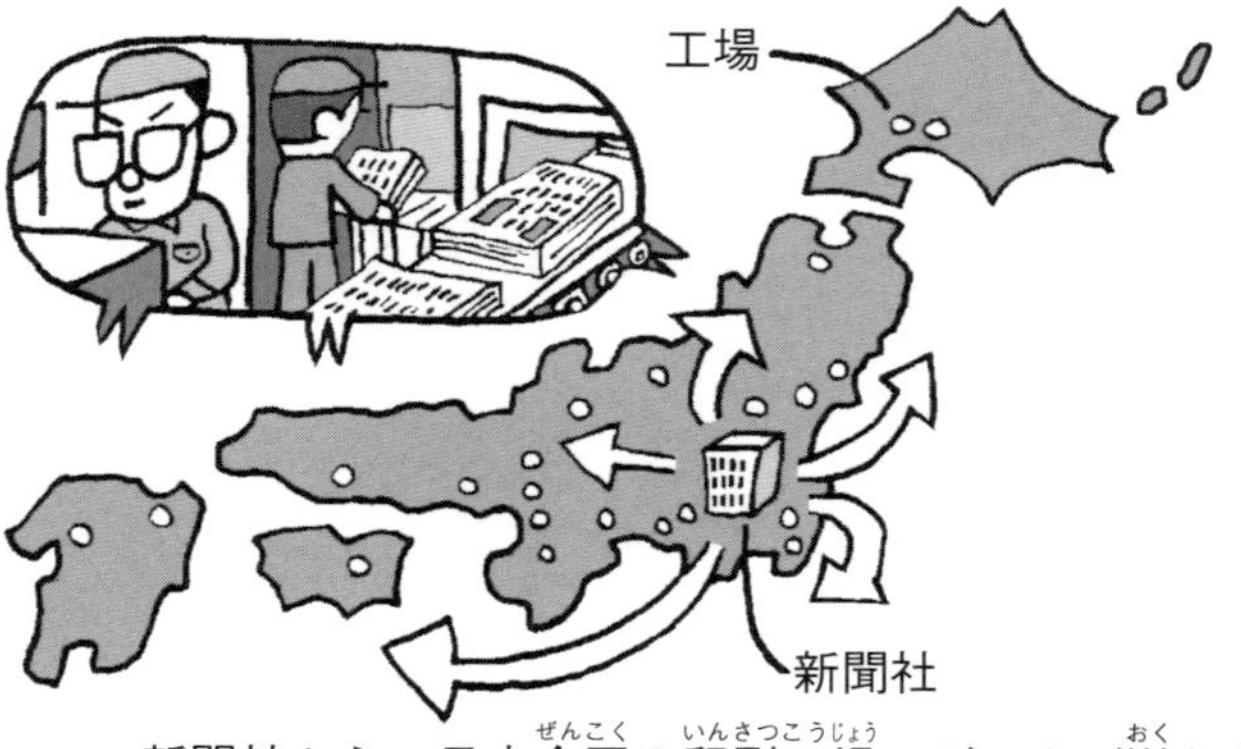

新聞社から、日本全国《ぜんこく》の印刷工場《いんさつこうじょう》へデータが送《おく》られる。

リモコンは、なぜはなれたところから操作《そうさ》できるの？

テレビやエアコンなどのリモコンは、たいへん便利《べんり》ですね。でも、どうして、はなれているのに、操作《そうさ》できるのでしょうか。

まずは、テレビのリモコンの先のほうを見てください。小さい電球《でんきゅう》のようなものがついているのがわかりますか。リモコンは、ここから光を出して、テレビを操作《そうさ》しています。これをリモコンの「発光部《はっこうぶ》」といいます。いっぽう、テレビにはリモコンから出た光を受《う》けとる「受光部《じゅこうぶ》」といわれる場所《ばしょ》があります。ここに光が当たることで、リモコンの操作《そうさ》を感知《かんち》し、スイッチを入れたり、チャンネルを切りかえたりしているのです。

テレビのリモコンのボタンをおすと、リモコンの発光部《はっこうぶ》からは、とてもすばやく点めつする光が出ます。テレビの受光部《じゅこうぶ》では、リモコンから出た光が点めつする速《はや》さや回数などの情報《じょうほう》から、どのボタンがおされたかを読みとるのです。

でも、リモコンのボタンをおしても、発光部《はっこうぶ》は光って見えません。なぜなら、ここから出ているのは赤外線《せきがいせん》という、人間の目には見えない光だからです。赤外線《せきがいせん》は光と同じように、ものでさえぎ

赤外線《せきがいせん》をさえぎられるとエアコンは、つかない。
21
赤外線《せきがいせん》をさえぎるものがないと、テレビは、つく。
赤外線《せきがいせん》

ることができ、鏡《かがみ》などで反射《はんしゃ》させることもできます。

さて、同じように赤外線《せきがいせん》を使《つか》っているのに、テレビのリモコンでエアコンを操作《そうさ》することができないのは、なぜでしょうか。それは、発光部《はっこうぶ》から出る光の情報《じょうほう》の中には、どのボタンがおされたかだけでなく、このリモコンがどんなメーカーの、なんの製品《せいひん》のものなのかという情報《じょうほう》も、入っているからなのです。ですから、テレビのリモコンをエアコンに向《む》けても、エアコンがつくことはないのです。最近《さいきん》は、あらかじめ設定《せってい》して、一つのリモコンでテレビとエアコンを操作《そうさ》できるものも出ています。

ゲームソフトは、どうやって作るの？

みなさんの中には、将来《しょうらい》ゲームソフトを作る仕事《しごと》をしたいと思っている人も、いるのではないでしょうか。では、ゲームソフトは、どのようにして作られているのでしょう。

ゲームソフトの作り方は、ゲーム会社によって多少《たしょう》ちがいますが、基本的《きほんてき》なところを説明《せつめい》しましょう。

ゲーム会社には、まず、どんなゲームを作るかを考える人たちがいます。

最初《さいしょ》に、その人たちからのアイデアをもとに、話しあいます。楽しく遊《あそ》んでもらえるか、似《に》たようなゲームは、ほかにないのか、どのくらいのお金で作れるかなど、いろいろな方向《ほうこう》から考えます。そして、具体的《ぐたいてき》なゲームの内容《ないよう》や、開発《かいはつ》のリーダーになる人を決《き》めます。

ゲームを作ることが決《き》まったら、リーダーは、ゲームのストーリー、ルールなど細かいところまで書いた「仕様書《しようしょ》」というものを作ります。これは、ゲームの設計図《せっけいず》のようなもので、とても大切なものです。

仕様書《しようしょ》ができたら、ゲームを作るのに必要《ひつよう》なスタッフが集《あつ》められます。

デザインスタッフは、ゲームに登場《とうじょう》するキャラクターや持《も》ち物《もの》、背景《はいけい》などをどのようにするか相談《そうだん》し、絵にしていきます。

シナリオスタッフは、仕様書《しようしょ》などをもとにして、ゲームの中のストーリーの流《なが》れや、画面《がめん》に出てくる言葉《ことば》などの内容《ないよう》を書いていきます。

サウンドスタッフは、ゲームの内容《ないよう》に合うような曲《きょく》を作ったり、キャラクターがいろいろな行動《こうどう》をしたときに出す音（効果音《こうかおん》）を作ります。

ここまでで、ゲームの材料《ざいりょう》は全部《ぜんぶ》そろったように思えますね。でも、ゲーム機《き》で遊《あそ》べるようにするためには、このあと「プログラム」を作る作業《さぎょう》が必要《ひつよう》です。

プログラムとは、ゲームの内容《ないよう》を、ゲーム機《き》の中のコンピュータがわかる形に書きかえたものです。どんなにおもしろくても、プログラムにすることができなければ、ゲーム機《き》で遊《あそ》ぶことができません。たくさんの人が分担《ぶんたん》して、いくつものプ

ログラムを作り、やっと試作品《しさくひん》のゲームができあがります。

試作品《しさくひん》のゲームは、何十人もの人が実際《じっさい》にゲームをくりかえしやってみて、じっくりとテストされます。ゲームのとちゅうにまちがいがあったり、先に進《すす》めないところが見つかれば、そのたびにプログラムを直し、完全《かんぜん》なものにしていきます。

大がかりなゲームだと、数年がかりで作り、数百人のスタッフが、関《かか》わることもあります。

最近《さいきん》は、ゲーム機《き》以外《いがい》に、パソコンやスマートフォンなどを使《つか》って、オンライン（インターネットで相手《あいて》とつながること）の対戦《たいせん》ゲームなどを楽しむ人が増《ふ》えています。これらのゲームも、同じような手順《てじゅん》で作られています。

一人の人が、一年間にどのくらい水を使《つか》うの？

日本に住《す》んでいる人、一人が生活の中で使《つか》う水の量《りょう》は、一日に約《やく》二百八十リットルです。これは、みなさんの家にあるおふろ一ぱい分くらいです。意外《いがい》に多く感《かん》じませんか。飲《の》むだけでなく、顔や手をあらったり、おふろに入ったり、食事《しょくじ》を作ったり、せんたくをしたり、トイレに入ったりすることで、これだけの水を使《つか》うのですね。

五十年ほど前は、一人で一日約《やく》百七十リットル使《つか》っていましたから、百リットル以上《いじょう》増《ふ》えたことになります。

三人家族《かぞく》で一年間に使《つか》う水の量《りょう》を計算してみると、約《やく》三十万六千六百リットルです。数字が大きすぎて、よくわからないですね。

今度《こんど》はおふろではなくて、プールを例《たと》えにして説明《せつめい》しましょう。

はば十メートルで長さが二十五メートル、深《ふか》さが一・二メートルのプール一ぱい分ちょっとの水を、家族《かぞく》三人が一年間で使《つか》っていることになります。

でも、水の使《つか》い道《みち》は、これだけではありません。身《み》の回《まわ》りのいろいろなものを作るのに

深《ふか》さ1.2メートル
1年間に
30万6600リットル
（プール1ぱい分とちょっと）
長さ25メートル
はば10メートル

※水の使用量《しようりょう》などの情報《じょうほう》は、国土交通省《こくどこうつうしょう》サイト「日本の水資源《みずしげん》」より。

も、水がたくさん使《つか》われているのです。

日本には、たくさんの工場があります。工場で使《つか》う水のことを「工業用《こうぎょうよう》水《すい》」といいます。工業用水《こうぎょうようすい》に使《つか》われる水は、生活用水の約《やく》二・九倍《ばい》です。

工業用水《こうぎょうようすい》は、使《つか》った水をそのまま流《なが》してしまわずに、一度《ど》使《つか》った水を再利《さいり》用《よう》する割合《わりあい》が増《ふ》えています。

また、田んぼや畑《はたけ》で米や野菜《やさい》などの食《た》べ物《もの》を作るのにも、たくさんの水が必要《ひつよう》です。この水を「農業用水《のうぎょうようすい》」といいます。農業用水《のうぎょうようすい》は、生活用水の約《やく》四倍《ばい》の水が必要《ひつよう》です。

人間は、水とともに生活しています。ふだんから、水は大切にしましょう。

アメリカと日本では、どうして時間がちがうの？

18日の夜９時
今何時？
19日の朝７時

朝のテレビでニュース番組を見ていると、「ニューヨークは今、夕方です」といっていて、びっくりすることがあります。また、外国でサッカーの日本代表《だいひょう》が試合《しあい》をしているとき、日本は真夜中《まよなか》のことがあります。なぜ、日本と外国では、時間がちがうのでしょうか。

例《たと》えば、アメリカのニューヨークと日本では、時刻《じこく》のちがいが十四*時間あります。これを「時差《じさ》」といいます。

＊４月から10月は、サマータイムのため13時間。

時差《じさ》は、人間が太陽《たいよう》の動《うご》きに合わせて生活するためにできました。

地球《ちきゅう》は、丸い形をしていて、二十四時間で一回転《かいてん》していることは、みなさんも知っていますね。いっぽう、太陽《たいよう》はいつも同じ位置《いち》から地球《ちきゅう》を照《て》らしています。そこで、地球上《ちきゅうじょう》には、一部《いちぶ》の地域《ちいき》をのぞいて、太陽《たいよう》が空にのぼっている昼と、しずんでいる夜が、くりかえしやってきます。日本が昼のとき、地球《ちきゅう》のほぼ反対側《はんたいがわ》にあるアメリカは夜になります。

ところで、人間は昔《むかし》から、太陽《たいよう》が出る昼に行動《こうどう》し、日がくれると家の中にいたり、ね

日本が昼のとき、
アメリカは夜になる。

むったりして過《す》ごしてきました。ですから、いろいろな習慣《しゅうかん》が、太陽《たいよう》の動《うご》きをもとにしてつくられてきました。そして時計が発明《はつめい》されてからは、太陽《たいよう》が真南《まみなみ》に来る時間を基準《きじゅん》にして、時刻《じこく》を決《き》めるようになりました。

太陽《たいよう》が真南《まみなみ》に来る時刻《じこく》は、場所《ばしょ》によってちがいます。ですから、それぞれの地域《ちいき》でそれぞれの時刻《じこく》が使《つか》われていたのです。

人びとが、自分の住《す》んでいる土地からあまり移動《いどう》しないでくらしていた時代《じだい》には、ほかの場所《ばしょ》と時刻《じこく》がちがっても、こまることはありませんでした。しかし、鉄道《てつどう》や飛行機《ひこうき》など、速《はや》く移動《いどう》できる乗《の》り物《もの》や、遠いところと話ができる電話が発明《はつめい》されると、時刻《じこく》がちがっていることが不便《ふべん》になってきました。

そこで、いろいろな国の人が話しあい、地球《ちきゅう》をいくつかの区域《くいき》に分けて、時刻《じこく》を少しずつずらすと決《き》めました。この分けた区域《くいき》を「タイムゾーン」といい、全部《ぜんぶ》で四十種類《しゅるい》あります。今から九十年ほど前までに、世界中《せかいじゅう》で採《と》りいれられるようになりました。時刻《じこく》を決《き》める基準《きじゅん》になったのは、イギリスのグリニッジ天文台《てんもんだい》をもとにした「グリニッジ標準時《ひょうじゅんじ》」です。現在《げんざい》では、原子時計をもとにした「協定世界時《きょうていせかいじ》」が使《つか》われています。

日本は、協定世界時《きょうていせかいじ》に九時間を足した時刻《じこく》、ニューヨークは協定世界時《きょうていせかいじ》から五時間を引いた時刻《じこく》にすることが決《き》まっています。

また、世界地図《せかいちず》を見ると、「日付変更線《ひづけへんこうせん》」という線があります。線を東から西に横切《よこぎ》るとき、日付《ひづ》けを一日進《すす》め、西から東に行くときは一日もどす決《き》まりです。

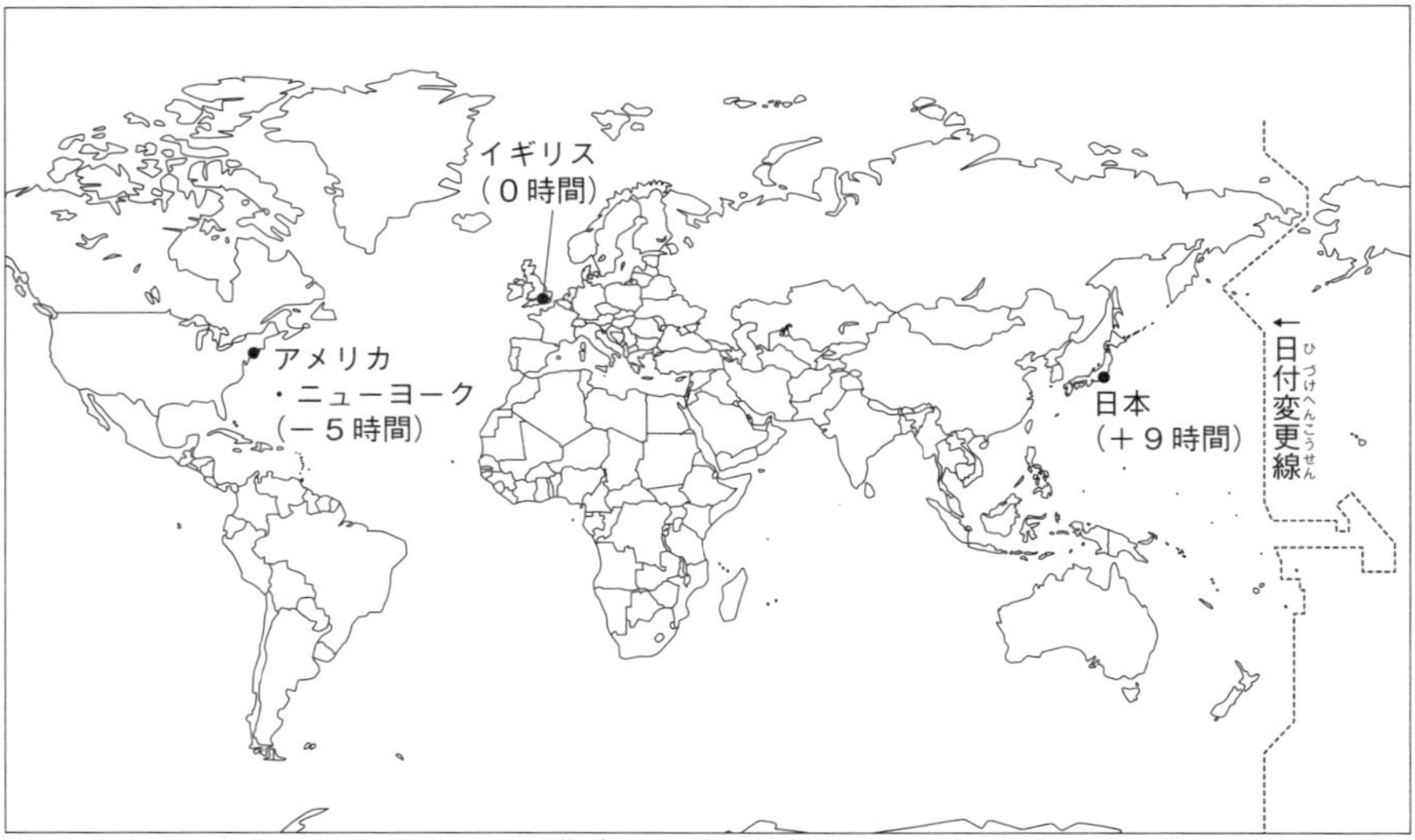

時差《じさ》と日付変更線《ひづけへんこうせん》

アンドロイドは、どうやって人間そっくりにつくるの？

今、いろいろな分野でロボットが活やくしていますね。

工場で組み立てなどを行う機械《きかい》の一部《いちぶ》のようなロボットから、人の代《か》わりに労働《ろうどう》や危険《きけん》な作業《さぎょう》などを行うロボット、人間に近い形をして人とのコミュニケーションができるロボットも見られるようになりました。

人間に近い形をしたロボットのことを、「ヒューマノイド」とよびます。

Honda《ホンダ》の「ASIMO《アシモ》」やソフトバンクの「Pepper《ペッパー》」などがよく

知られていますね。科学の展示館《てんじかん》や店先などで、実際《じっさい》に見たことがある人もいるかもしれません。

ヒューマノイドの中でも、本物《ほんもの》の人間とそっくりにつくられているロボットを「アンドロイド」とよぶことがあります。

そして今、アンドロイドは、人《ひと》と接《せっ》したり、人を楽しませたりするために、イベントの司会《しかい》など、さまざまな場面《ばめん》で活《かつ》やくしています。手の皮《ひ》ふの感《かん》じや、顔の表情《ひょうじょう》、からだの動《うご》きやしぐさにいたるまで、人間とよく似《に》ています。まぶたを開《ひら》いたり、とじたりはもちろんのこと、見ている人に笑《わら》いかけたりすることもあります。見た目も動《うご》きも、人間とよく似《に》ているため、最初《さいしょ》に見た人は、びっくりすることが多いようです。

ところで、このアンドロイドは、なぜそんなに人間そっくりにつくることができるのでしょう。

実《じつ》は、アンドロイドの顔や手の形は、本《ほん》物《もの》の人間から型《かた》をとってシリコンでつくります。そして、笑《わら》ったり、おこったり、おどろいたりしたときの実際《じっさい》の人間の顔をたくさん写真《しゃしん》や動画《どうが》にとり、その筋肉《きんにく》の動《うご》きなどを参考《さんこう》にして、アンドロイドに同じような動《うご》きをつけているのです。

少し前《まえ》のアンドロイドは、からだの動《うご》きがぎこちなく、人間とはほど遠《とお》いものでした。今のアンドロイドは、空気の力を利用《りよう》して、自然《しぜん》な動《うご》きを表現《ひょうげん》できるようになりました。手を上げたり下げたりはもちろん

のこと、からだをくねらせたり、音楽に合わせてリズミカルにダンスをひろうすることもできます。

下の写真《しゃしん》は、アンドロイドが受付《うけつけ》の仕《し》事《ごと》をする、東京《とうきょう》に実際《じっさい》にあるホテルのフロントです。

いろいろな分野で労働力不足《ろうどうりょくぶそく》が問題《もんだい》になっている今、こうした人間そっくりで親しみやすく、しかも仕事《しごと》をてきぱきとこなすことができるアンドロイドは、これからますます活やくの場を広げていくと考えられています。

写真提供／変なホテル東京 銀座

知ってびっくり!!

新聞の始《はじ》まりって、知ってる？

あなたは、新聞をよく読みますか。学校の授業《じゅぎょう》でも、新聞記事《きじ》を取《と》りあげることが、あるでしょう。

ところで、新聞って、いつからできたのでしょうか。

今から二百年以上《いじょう》前にさかのぼります。自分たちの町で、何が起《お》こっているのか知りたい、という気持《きも》ちから、こんなものができました……。

「さあ、読んだ、読んだ！　かわら版《ばん》だよ！」

時代劇《じだいげき》で、こんなことをいいながら、人《ひと》混《ご》みの中で紙を配《くば》る人を見たことはありませんか。

「かわら版《ばん》」とは、江戸時代《えどじだい》に売られていた、字や絵が印刷《いんさつ》された紙のことです。かわら版《ばん》は、ひらがなの多い文章《ぶんしょう》や絵で、だれにでもわかりやすく書かれていました。

地震《じしん》や火事《かじ》などの災害《さいがい》や、外国の船が来たというような大きなニュースを知らせるものから、伝染病《でんせんびょう》の流行《りゅうこう》やその治《なお》し方《かた》、また「○○に怪物《かいぶつ》が現《あらわ》れた」などという、うそかほんとうかわからないうわさまで、さまざまなことを書いた、かわら版《ばん》が数多く作られました。このかわら版《ばん》は、書いてある内容《ないよう》に節《ふし》をつけて読みながら売られたことから、「読《よ》み売《う》り」ともよばれました。ねん土板《どばん》に文字や絵をほって、焼《や》いたものを版《はん》にして刷《す》ったともいわれています。しかし、今は残《のこ》っておらず、木の板《いた》に文字や絵をうきぼりにし、これに絵《え》の具《ぐ》をつけて印刷《いんさつ》する木版画《もくはんが》のようなものが残《のこ》っています。

今から百五十年前、江戸時代《えどじだい》も終《お》わりになると、それまで知られていなかった外国の様《よう》子《す》や、国内のニュースをまとめた「新聞」が、かわら版《ばん》とは別《べつ》に、発行《はっこう》されるようになります。

明治時代《めいじじだい》に入った一八七一年には、日本で最初《さいしょ》の日刊《にっかん》（毎日発行《はっこう》する）新聞「横浜毎日《よこはままいにち》新聞《しんぶん》」が創刊《そうかん》されました。この新聞は、それ

外国の船がやってきたことなど、絵入りで作られた。

木の板《いた》をほって、木版画《もくはんが》のように印刷《いんさつ》していた。

までのかわら版《ばん》や新聞が、日本の和紙《わし》に印刷《いんさつ》されていたのに対《たい》し、外国から輸入《ゆにゅう》された紙に印刷《いんさつ》されていました。新聞には、横浜港《よこはまこう》への船《ふね》の出入りや、輸出《ゆしゅつ》・輸入《ゆにゅう》されたものの記《き》録《ろく》、港町《みなとまち》で起《お》こった事件《じけん》、それにさまざまな広告《こうこく》がのせられていました。

そのうち、日本中のあちこちでいろいろな新聞が発行《はっこう》されるようになりました。最初《さいしょ》のころは、大きな紙に、漢字《かんじ》ばかりのむずかしい文章《ぶんしょう》で、世《よ》の中《なか》に起《お》こったいろいろな事件《じけん》やそれに対《たい》する感想《かんそう》などが書かれていました。これは、「大新聞《おおしんぶん》」とよばれ、知《ち》識人《しきじん》以外《いがい》は、読むのがむずかしいものでした。そのうちに、漢字《かんじ》にはふりがなをふり、さし絵もたくさん入った、一般《いっぱん》の人びとに親しみ

船の出入り

輸入《ゆにゅう》や輸出《ゆしゅつ》の記録《きろく》

広告《こうこく》

港町《みなとまち》で起《お》こった事件《じけん》

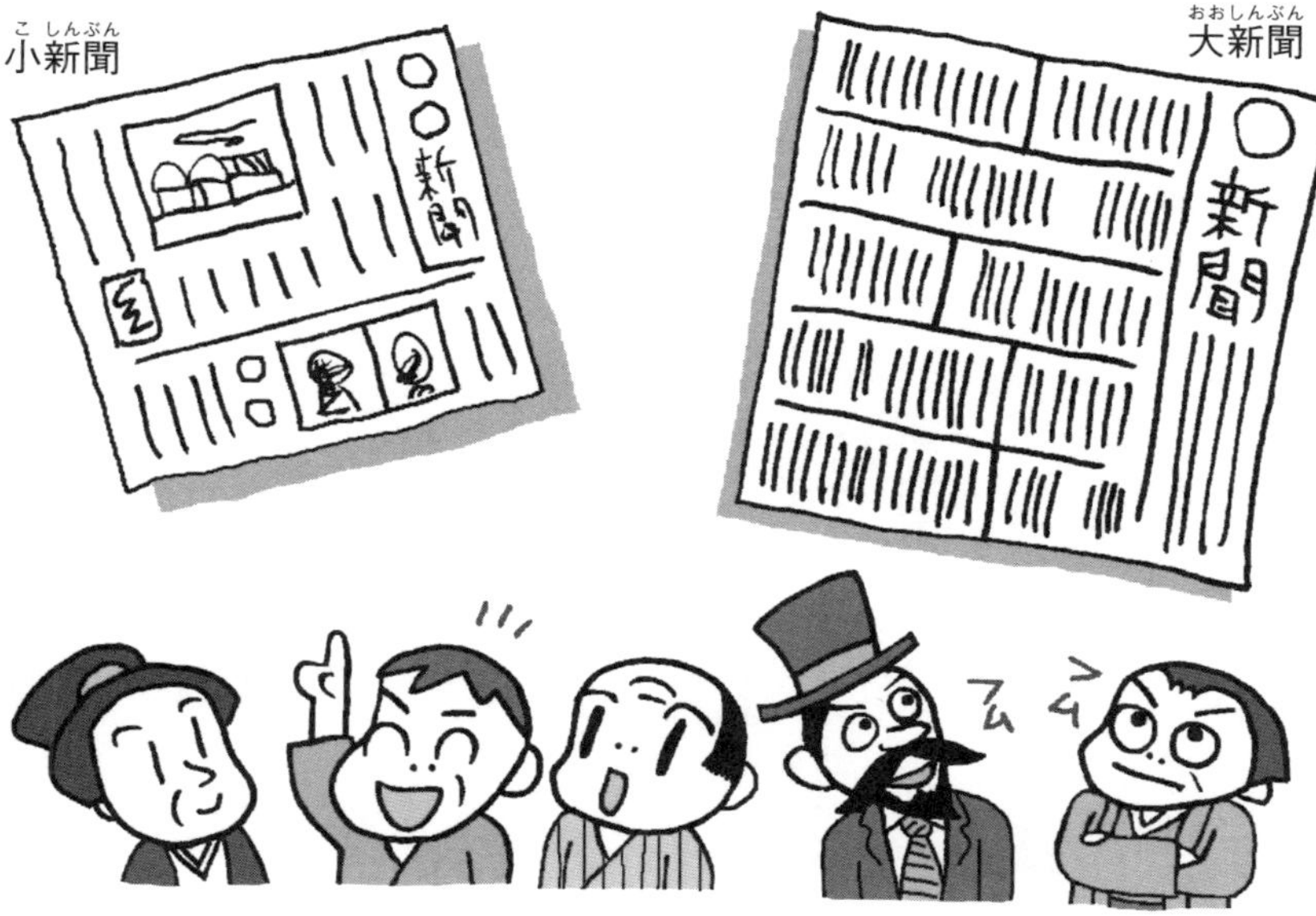

やすい新聞が発行《はっこう》されるようになりました。こちらは、「小新聞《こしんぶん》」とよばれました。

小新聞《こしんぶん》には、まちのうわさや、上演《じょうえん》されているしばいなどのニュース、連《れん》さい小説《しょうせつ》など、人びとが関心《かんしん》をよせる内容《ないよう》がのせられていました。小新聞《こしんぶん》はたちまち大新聞《おおしんぶん》をこえる人気となりました。

やがて小新聞《こしんぶん》も、大新聞《おおしんぶん》にのっていたような、さまざまなニュースをのせるようになり、使《つか》われる紙も大きいものになりました。この新聞が、今の各家庭《かくかてい》に配《くば》られる新聞のように、発展《はってん》していきました。

印刷《いんさつ》の方法《ほうほう》も変《か》わりました。今から約《やく》百六十年ほど前、木の板《いた》に代《か》わって、金属《きんぞく》に字をうきぼりにし、はんこのようにした

「活字《かつじ》」をならべて使《つか》う「活版印刷《かっぱんいんさつ》」が始《はじ》まります。金属《きんぞく》の活字《かつじ》は木に比《くら》べてとてもじょうぶです。

さらに、約《やく》百三十年ほど前から、「輪転印刷《りんてんいんさつ》機《き》」が使《つか》われるようになりました。これは、丸いつつの形をした版《はん》を回転《かいてん》させ、ロール状《じょう》の紙に連続《れんぞく》して印刷《いんさつ》でき、高速《こうそく》で一度《いちど》に大量《たいりょう》の印刷《いんさつ》ができる機械《きかい》です。

また、最初《さいしょ》は外国から輸入《ゆにゅう》していた紙も、国内で大量《たいりょう》に作ることができるようになりました。

こうして、新聞をたくさん印刷《いんさつ》することができるようになっていったのです。

文・丹野由夏　絵・斉藤ワカメ　知ってびっくり！マーク・森 佳世

からだの、なぜ？　どうして？

文・入澤宣幸
絵・森のくじら

人間の手には、どうして指《し》もんがあるの？

指《ゆび》の先には、細かいしわのようなもようがあります。これを「指《し》もん」といいます。指《し》もんがなんのためにあるのか、完全《かんぜん》にはわかっていませんが、すべり止めの役目《やくめ》があることは、はっきりしています。指先《ゆびさき》にセロハンテープをまいて、物《もの》をつかもうとしても、すべってうまくつかめません。

指《し》もんのような曲線《きょくせん》ではありませんが、手のひらや足のうらにも細かいしわがあります。これにも、指《し》もんと同じようにすべり止めの働《はたら》きがあります。

手や足にしわがある動物《どうぶつ》は、人間だけではありません。サルやリス、コアラなど、木の上で生活する動物《どうぶつ》の多くも、指《し》もんやしわを持《も》っています。いずれもすべり止めとして役立《やくだ》っていると考えられます。人間は、サルと共通《きょうつう》の祖先《そせん》を持《も》った動物《どうぶつ》なので、同じ特《とく》ちょうを備《そな》えているのだろうと考えられます。

また、指《し》もんがある皮《ひ》ふの内側《うちがわ》には、物《もの》にふれ

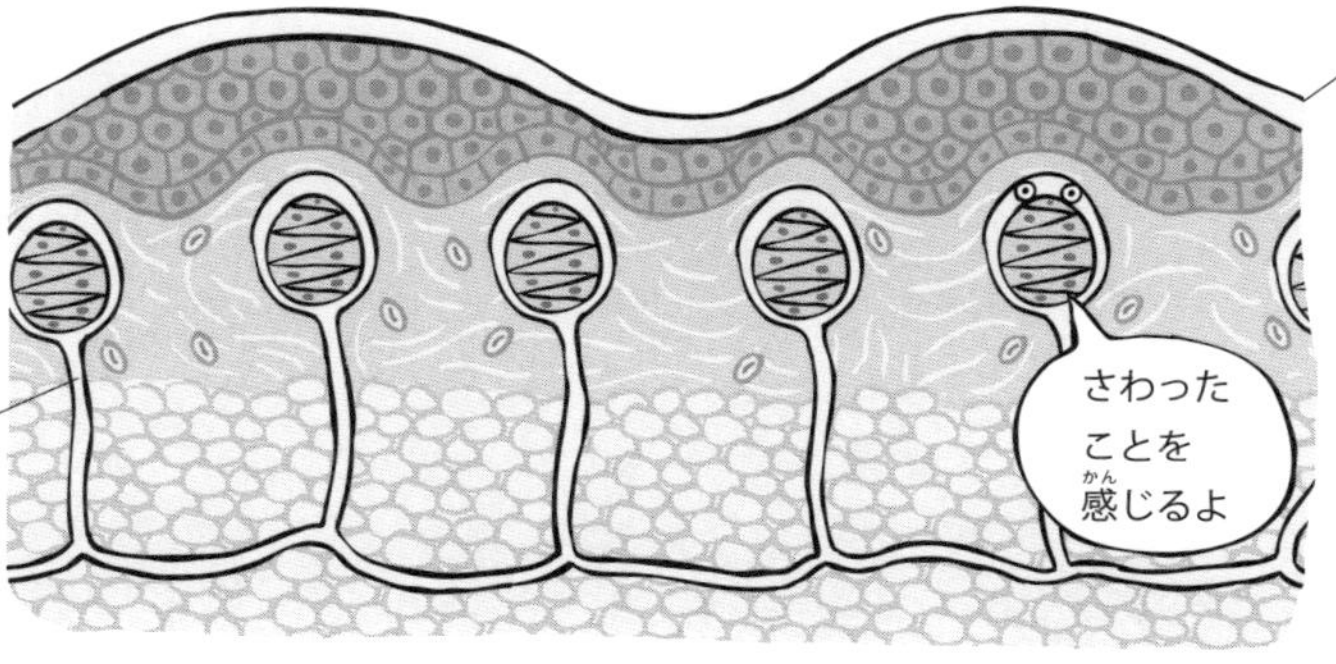

皮《ひ》ふの内側《うちがわ》の様子《ようす》

たことを感《かん》じる神経《しんけい》がたくさんならんでいます。そのため指先《ゆびさき》の感覚《かんかく》がするどくなっていて、指《ゆび》で細かい作業《さぎょう》がしやすくなっていると考えられます。

　ところで、手の指《し》もんを見比《みくら》べると、どの指《ゆび》も、もようがちがっていることがわかります。自分の指《し》もんだけではありません。家族《かぞく》でも他人《たにん》でも、同じ指《し》もんの人は一人もいません。そして、指《し》もんは大人になっても変《か》わりません。けがをして指《し》もんがきずついたとしても、治《なお》れば、もとのように同じ指《し》もんになります。

　指《し》もんは大きく三つのタイプに分けることができます。うずまきになった「うずまき形」、うずま

弓形《ゆみがた》
流《なが》れ形
うずまき形

きみは、どのタイプかな。

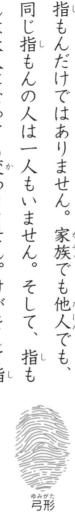

きが流《なが》れたような「流《なが》れ形」、さらに流《なが》れたような「弓形《ゆみがた》」です。日本人の指《し》もんには、流《なが》れ形とうずまき形が多く、弓形《ゆみがた》はわずかだといわれています。

指《し》もんは本人を特定《とくてい》できるため、犯罪《はんざい》そう査《さ》にも使《つか》われます。皮《ひ》ふの表面《ひょうめん》からは、皮《ひ》ふのしめり気ややわらかさを保《たも》つために、あせや油《あぶら》がたえずしみでています。わたしたちが物《もの》にふれたとき、指《し》もんのもりあがったところについている油分《ゆぶん》が物《もの》につきます。そのため、指《し》もんの形が物《もの》に写《うつ》しとられるのです。

最近《さいきん》では、「指《し》もん認証《にんしょう》」といって、本人であるかどうかを指《し》もんで見分けるしくみが一般的《いっぱんてき》になってきています。銀行《ぎんこう》のＡＴＭ《エーティーエム》（自動現金預《じどうげんきんあず》けばらい機《き》）で指《し》もんを照合《しょうごう》して一致《いっち》しないとお金が引きだせなかったり、スマートフォンでは指《ゆび》でタッチすることによってロックを解除《かいじょ》できたりなど、登録《とうろく》した指《し》もんを持《も》つ本人にしか操作《そうさ》できないように工夫《くふう》されています。

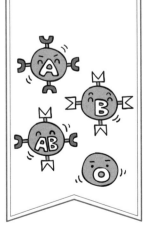

血液型《けつえきがた》は、どうやって決《き》めるの？

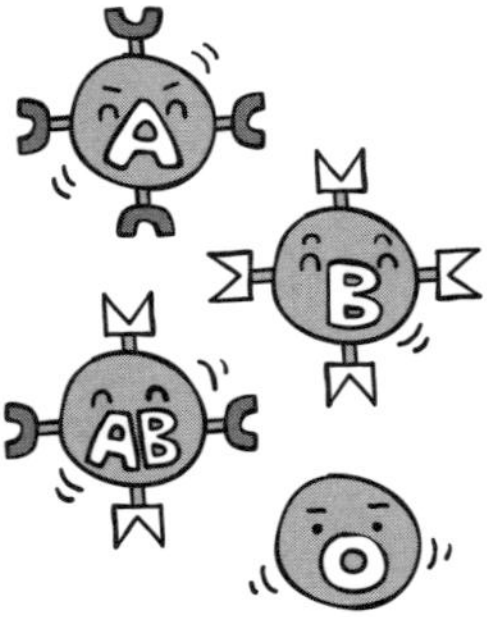

血液型《けつえきがた》は、血液《けつえき》の固《かた》まり方《かた》で決《き》まります。血液型《けつえきがた》ではＡＢＯ式《エービーオーしき》が最《もっと》も有名《ゆうめい》で、多く使《つか》われる分け方です。ＡＢＯ《エービーオー》の分け方は、一九〇〇年から一九一〇年にかけて、ドイツのラントシュタイナーという科学者《かがくしゃ》たちが発見《はっけん》しました。

けがをして血《ち》が出ることはありますが、しばらくすると血《ち》は固《かた》まって止まります。血《ち》には、血管《けっかん》の破《やぶ》れ目《め》をふさぎ、あふれでた血液《けつえき》を固《かた》める成分《せいぶん》がふくまれているからです。ほかにも血《ち》が固《かた》まる場合があります。それは血《ち》と血《ち》を混《ま》ぜあわせたときです。ただし必《かなら》ず固《かた》まるわけではありません。固《かた》まる血《ち》の組みあわせと、固《かた》まらない血《ち》の組みあわせがあります。ラントシュタイナーたちが、たくさんの人から採集《さいしゅう》した血《ち》を調《しら》べた結果《けっか》、血《ち》はA《エー》、B《ビー》、AB《エービー》、O《オー》の、四つの型《かた》に分けられることがわかりました。

血《ち》には、赤血球《せっけっきゅう》、血《けっ》しょうなどの成分《せいぶん》があります。赤血球《せっけっきゅう》は赤い円ばん状《じょう》のつぶで、酸素《さんそ》を運《はこ》びます。O型《オーがた》以外《いがい》の赤血球《せっけっきゅう》の表面《ひょうめん》には、血《ち》を固《かた》めるものがついています。服《ふく》にくっつく草の実《み》のようなとげを想像《そうぞう》してください。とげには、A《エー》、B《ビー》二種類《しゅるい》あり、A《エー》タイプがついている人がA型《エーがた》、B《ビー》タイプがついている人がB型《ビーがた》です。両方《りょうほう》ついている人はAB型《エービーがた》、どちらもついていない人はO型《オーがた》です。

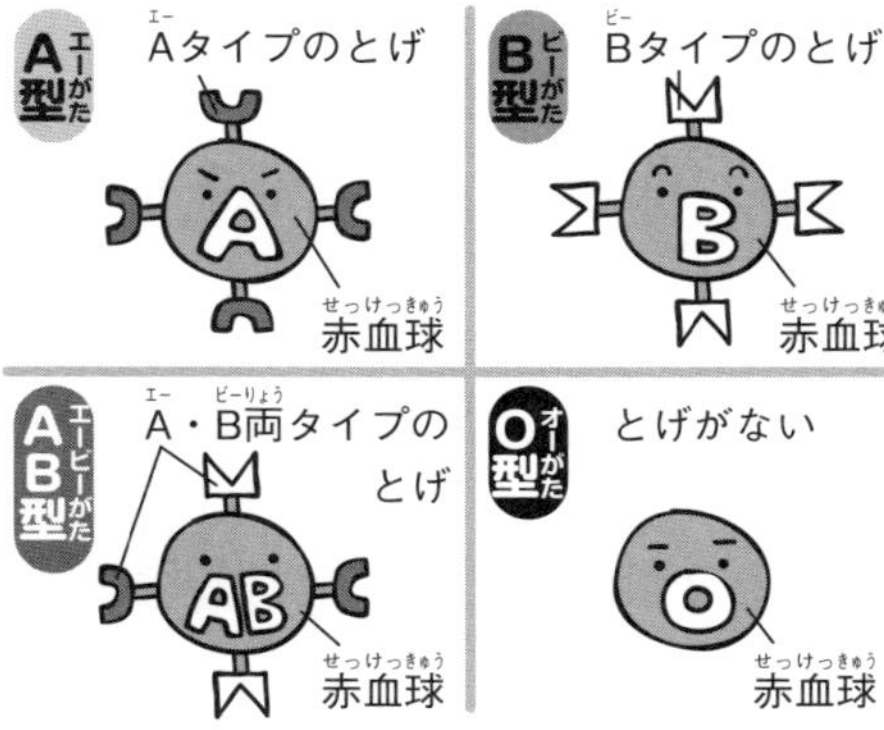

血《けっ》しょうは、とう明な液《えき》で、栄養《えいよう》などをとかして運《はこ》びます。A型《エーがた》の血《けっ》しょうには、B《ビー》タイプのとげとくっつきやすいものがとけていて、B型《ビーがた》の血《けっ》しょうには、A《エー》タイプのとげとくっつきやすいものがとけています。O型《オーがた》の血《けっ》しょうには、どちらのとげともくっつきやすいものがとけていて、AB型《エービーがた》の血《けっ》しょうには、とげがくっつきやすいものは何もとけていません。

血液型《けつえきがた》を調《しら》べるとき、病院《びょういん》では、A型《エーがた》の血《けっ》しょうとB型《ビーがた》の血《けっ》しょうを、用意《ようい》します。そこへ、採血《さいけつ》した血《ち》を一てきたらし、固《かた》まり方《かた》を見て、血液型《けつえきがた》を判断《はんだん》するのです。

A型《エーがた》の赤血球《せっけっきゅう》が、B型《ビーがた》の血《けっ》しょうと混《ま》ざると、赤血《せっけつ》

A型《エーがた》の赤血球《せっけっきゅう》が、B型《ビーがた》の血《けっ》しょうと混《ま》ざると…

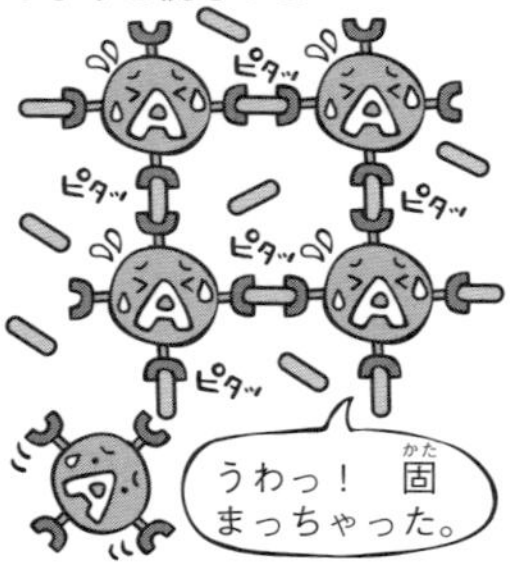

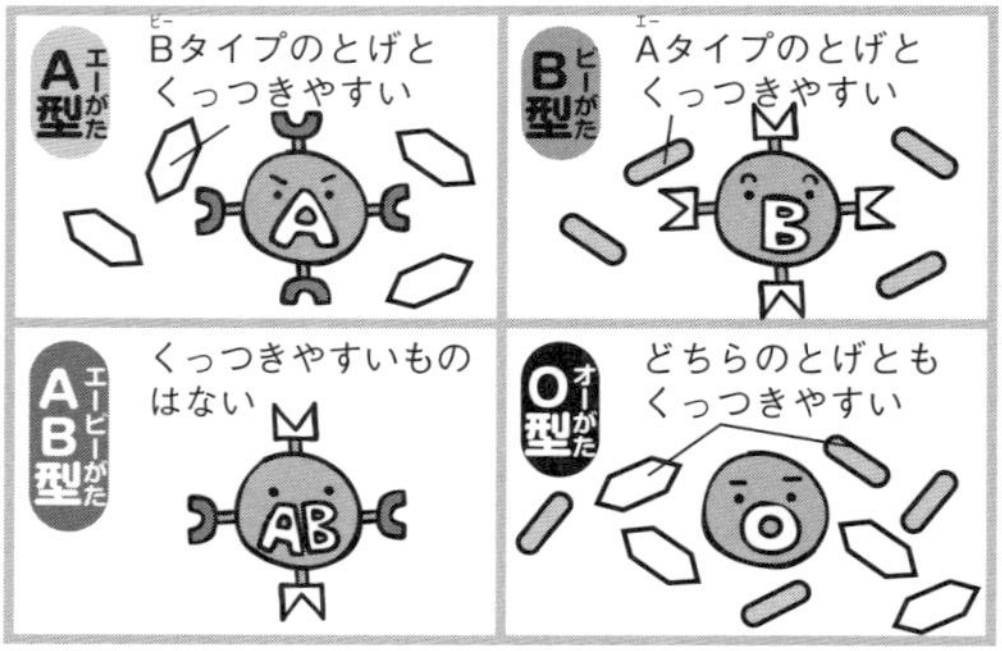

それぞれの血液型《けつえきがた》の赤血球《せっけっきゅう》と、血《けっ》しょうにとけているもの。

球《きゅう》のとげがくっつきあって固《かた》まります。同じように、B型《ビーがた》の赤血球《せっけっきゅう》がA型《エーがた》の血《けっ》しょうと混《ま》ざると固《かた》まります。AB型《エービーがた》の赤血球《せっけっきゅう》は、AB型《エービーがた》以外《いがい》のどの血《けっ》しょうでも固《かた》まり、反対《はんたい》にO型《オーがた》の赤血球《せっけっきゅう》は、どの血《けっ》しょうでも固《かた》まりません。輸血《ゆけつ》できる場合《ばあい》とできない場合《ばあい》があるのはそのためです。

輸血《ゆけつ》が可能《かのう》な組みあわせ

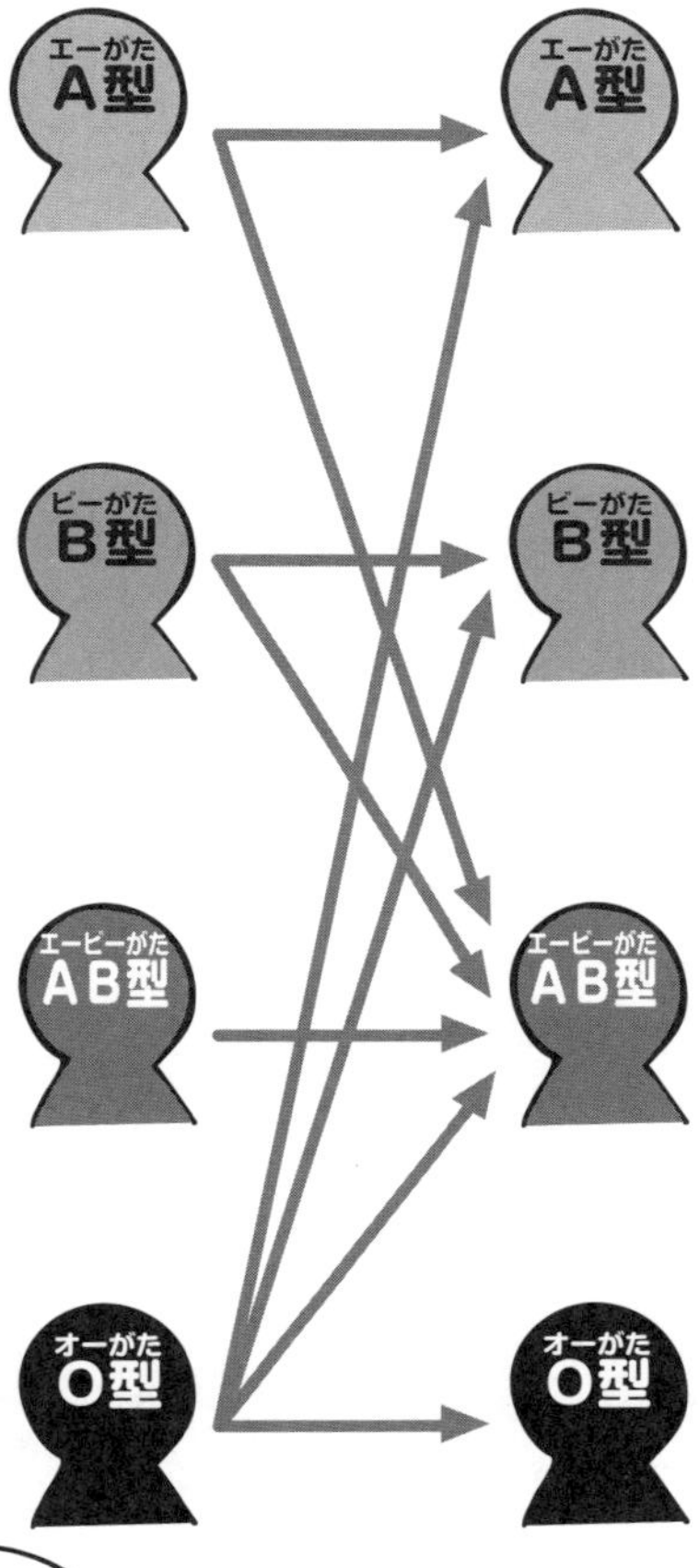

A型《エーがた》
B型《ビーがた》
AB型《エービーがた》
O型《オーがた》
A型《エーがた》
B型《ビーがた》
AB型《エービーがた》
O型《オーがた》

A型《エーがた》はA型《エーがた》とAB《エービー》型《がた》に輸血《ゆけつ》できるが、B型《ビーがた》とO型《オーがた》には輸《ゆ》血《けつ》できない。

B型《ビーがた》はB型《ビーがた》とAB《エービー》型《がた》に輸血《ゆけつ》できて、A型《エーがた》とO型《オーがた》にはできない。

AB型《エービーがた》は輸血《ゆけつ》できるのはAB型《エービーがた》だけだが、だれからも輸血《ゆけつ》してもらえる。

O型《オーがた》はだれにでも輸血《ゆけつ》できるが、輸《ゆ》血《けつ》してもらえるのはO型《オーがた》だけ。

上のような組みあわせがあるけど、実際《じっさい》は同じ血液型《けつえきがた》同士《どうし》の輸《ゆ》血《けつ》が多いよ。

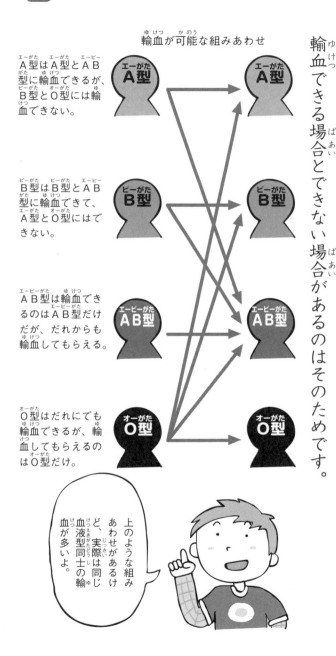

からだをやわらかくするには、どうしたらいいの？

立ったまま、ひざを曲《ま》げずにからだを前にたおすと、手のひらがゆかにぺったりつく人と、指先《ゆびさき》もとどかない人がいます。人によって、からだのやわらかさはちがいます。からだのかたい人は、どうしたら、やわらかくなるのでしょう。それには、からだを曲《ま》げたりのばしたりする、じゅうなん体操《たいそう》もよいとされています。

昔《むかし》は、酢《す》を飲《の》むとからだがやわらかくなるといわれたことがありました。

しかし、それは正しくありません。酢《す》はからだによい働《はたら》きをしますが、酢《す》が原因《げんいん》でからだがやわらかくなることはありません。

人間のからだが動《うご》くのは、筋肉《きんにく》が骨《ほね》を動《うご》かしているからです。筋肉《きんにく》は、「けん」という部分《ぶぶん》で、骨《ほね》につながっています。一番わかりやすいのは、かかとのすぐ上にあるアキレスけんです。アキレスけんは、ふくらはぎの筋肉《きんにく》と、かかとの骨《ほね》をつないでいます。

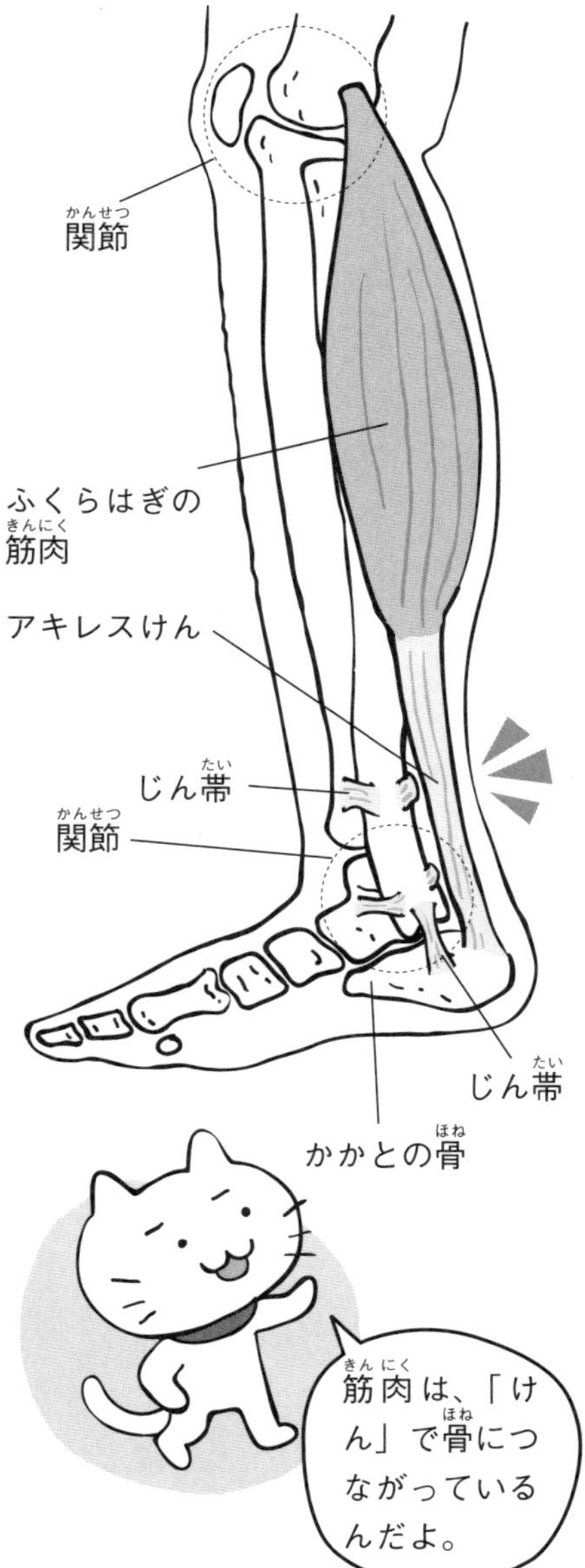
関節《かんせつ》
ふくらはぎの筋肉《きんにく》
アキレスけん
じん帯《たい》
関節《かんせつ》
じん帯《たい》
かかとの骨《ほね》
筋肉《きんにく》は、「けん」で骨《ほね》につながっているんだよ。

骨《ほね》と骨《ほね》を結合《けつごう》している部分《ぶぶん》が、「関《かん》節《せつ》」です。骨《ほね》と骨《ほね》をつないでいるものを、「じん帯《たい》」といいます。

からだがやわらかい人は、筋肉《きんにく》と、けんと、じん帯《たい》が、どれもやわらかく、大きくのびちぢみします。関節《かんせつ》の曲《ま》がり方《かた》には、人によるちがいはほとんどありません。からだをやわらかくしたいのなら、筋肉《きんにく》、けん、じん帯《たい》の三つをやわらかくするとよいのです。

それは、体操《たいそう》によって可能《かのう》です。この体操《たいそう》を「ストレッチング」といいま

す。関節《かんせつ》をゆっくりとなるべく大きく曲《ま》げて、筋肉《きんにく》・けん・じん帯《たい》をのばします。そのとき、大きく息《いき》をはきだします。からだのかたい人は、初《はじ》めのうちはつらいかもしれませんが、毎日続《つづ》ければ、だんだん、関節《かんせつ》がじゅうぶんに曲《ま》がるようになるはずです。特《とく》にふろあがりなど、筋肉《きんにく》がほぐれているときに、ストレッチングをすると効果的《こうかてき》です。

では、からだがやわらかいと、どんなよいことがあるのでしょう。からだがやわらかいほうが血《ち》のめぐりがよくなります。からだを大きく曲《ま》げ、筋肉《きんにく》をじゅうぶんにのばすと、血《ち》がよく流《なが》れるようになるからです。血《ち》の流《なが》れがよくなると、不要《ふよう》なものが血管《けっかん》にたまりにくくなるので、健康《けんこう》によいのです。

また、からだがやわらかいと、転《ころ》んでもうまく手をつけたり、からだを上手に丸められるなど、けがをしにくくなります。

学校へ行きたくない日の朝、おなかがいたくなるのは、なぜ？

学校で何かいやなことがある日の朝、おなかがいたくなる人がいます。例《たと》えば持久走《じきゅうそう》の苦手《にがて》な人が、マラソン大会の日の朝、起《お》きられないほどおなかがいたむのです。あなたはそんな経験《けいけん》はありませんか。

実《じつ》は、「心がおなかをいたくさせる」ことがあるのです。

食《た》べ物《もの》が原因《げんいん》となって、おなかがいたくなったときは、たいてい、薬《くすり》を飲《の》めば治《なお》ります。

「心」が原因《げんいん》でおなかがいたくなったとき、それを治《なお》す方法《ほうほう》は、「心」の調子《ちょうし》をよくすることです。ここでいう「心」とは、脳《のう》の働《はたら》きのことです。

いやなことや心配事《しんぱいごと》をストレスといいます。ストレスを受《う》けると、脳《のう》から何種類《なんしゅるい》かの物質《ぶっしつ》が出ます。がんばろうという気持《きも》ちにさせる物質《ぶっしつ》、興奮《こうふん》させる物質《ぶっしつ》、静《しず》かな気持《きも》ちにさせる物質《ぶっしつ》などです。これらの物質《ぶっしつ》が複雑《ふくざつ》に作用しながら、心とからだの安定《あんてい》が保《たも》たれています。でも、心配事《しんぱいごと》（ストレス）があまりにも大きいと、バランスがくずれ、からだが悲鳴《ひめい》

ある日
いやなことをいわれた。
翌朝《よくあさ》
うぅ…

を上げておなかがいたんだり、実際《じっさい》、下痢《げり》をしたり、便秘《べんぴ》になったりするのです。

おうちの人が学校に「今日は休みます」と電話すると、いつの間にか、いたみがうすれていくようです。心配事《しんぱいごと》が消《き》えたからです。

みなさんは、これから大人になり社会に出て、何十年も生きていくでしょう。いやなことや心配事《しんぱいごと》もあるでしょう。それらと上手につきあう必要《ひつよう》があります。

脳《のう》は、からだの司令塔《しれいとう》です。脳《のう》が元気を出せば、からだも元気になります。

反対《はんたい》に、脳《のう》がやる気をなくせば、からだも

ぐったりします。不思議《ふしぎ》なことに、自分はできるんだと思ってやれば、スポーツも勉強《べんきょう》もほんとうに少しずつできるようになったり、どうせ自分はだめなんだと思うとほんとうにだめになってしまうこともあるのです。

だれでも苦手《にがて》なことはあります。でも、いいところ、ほめられるところを必《かなら》ず持《も》っています。好《す》きなことや得意《とくい》なことをがんばって、苦手《にがて》なことを気にしすぎないことも大切です。

それでも、どうしても学校へ行きたくない日や、おなかのいたい朝が続《つづ》くことがあるかもしれません。そんなときは、早めにおうちの人や、学校の先生、学校のカウンセラーに相談《そうだん》するとよいでしょう。

コンタクトレンズは、いつできたの？

めがねを使《つか》わずに、眼球《がんきゅう》に直接《ちょくせつ》レンズをつけて、よく見えるようにするものを、コンタクトレンズといいます。「コンタクト」とは、英語《えいご》で〝くっつく〟という意味《いみ》です。コンタクトレンズは、一八二三年ごろからイギリスで実験《じっけん》が始《はじ》まり、一八八七年に、ドイツのオイゲン・フィックが、ウサギで実験《じっけん》したあと、自分の目でも使《つか》えることに成功《せいこう》しました。しかし実際《じっさい》に使《つか》われるようになるまでには、長い時間がかかりました。日本で実用化《じつようか》したのは、

一九五一年のことです。

目には、「水晶体《すいしょうたい》」というレンズが、あります。水晶体《すいしょうたい》は、まわりについている筋《きん》肉《にく》の働《はたら》きで、厚《あつ》さが変《か》わるレンズです。近い物《もの》を見るときは厚《あつ》くなり、遠くのものを見るときはうすくなります。厚《あつ》さを変《か》えることでピントを合わせ、はっきり見えるようにしているのです。

目が悪《わる》くなるということは、厚《あつ》さを変《か》える筋肉《きんにく》の働《はたら》きが悪《わる》くなるということです。遠くのものが見えにくく、水晶体《すいしょうたい》をうすくできなくなるのが近視《きんし》、反対《はんたい》に近くのものが見えにくく、水晶体《すいしょうたい》を厚《あつ》くできなくなるのが遠視《えんし》です。

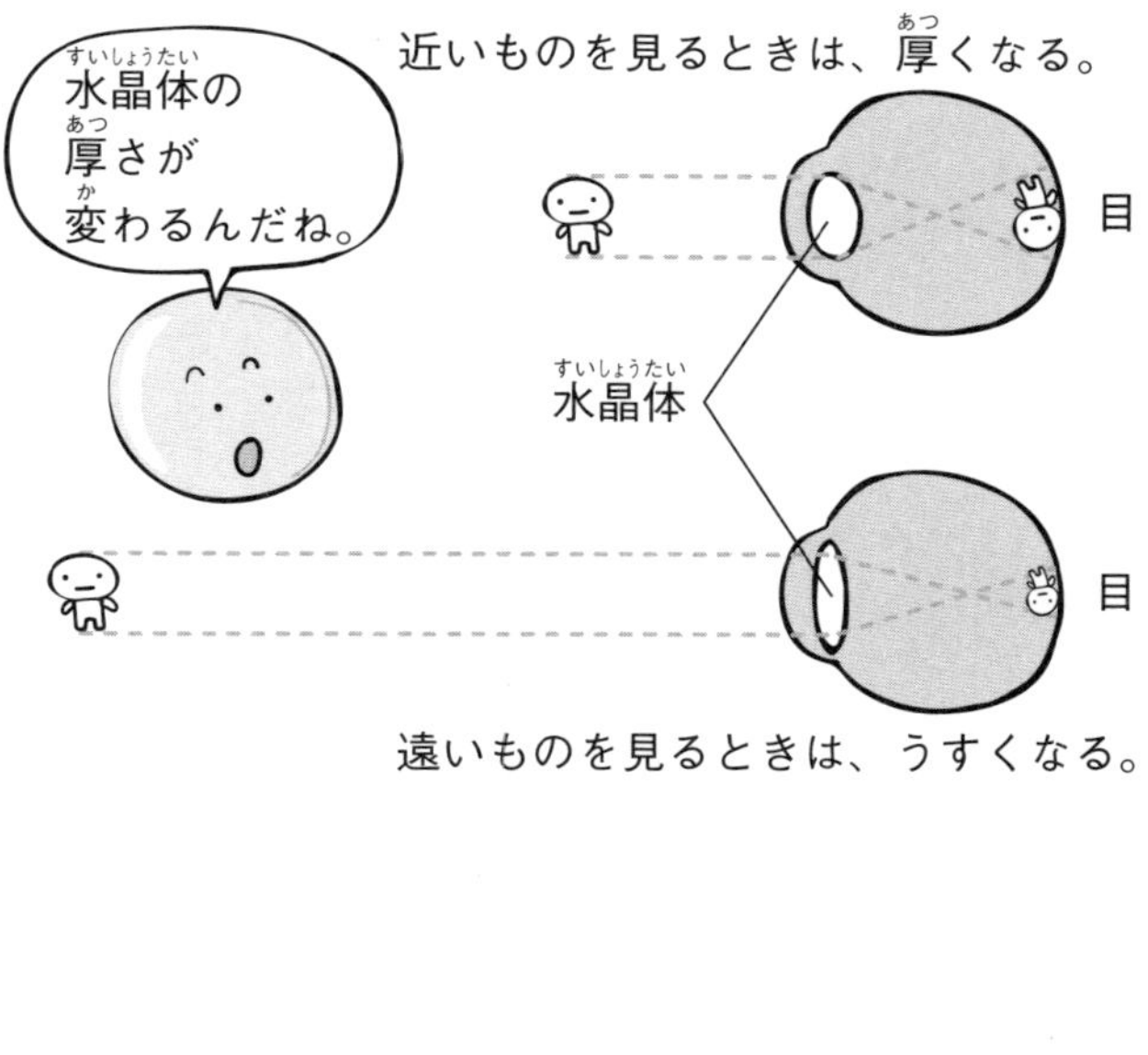
水晶体《すいしょうたい》の
厚《あつ》さが
変《か》わるんだね。
近いものを見るときは、厚《あつ》くなる。
目
水晶体《すいしょうたい》
目
遠いものを見るときは、うすくなる。

水晶体《すいしょうたい》は、「角まく」という、とう明なまくでおおわれています。角まくにゆがみができて、よく見えなくなることもあります。これが乱視《らんし》です。角まくをおおって、水晶体《すいしょうたい》の厚《あつ》さやゆがみを調節《ちょうせつ》してよく見えるようにするのがコンタクトレンズの役目《やくめ》です。この役目《やくめ》はめがねと同じです。コンタクトレンズはめがねとちがい、ずれおちたり湯気《ゆげ》でくもったりしません。外れることもめったにありません。また、めがねではレンズの内側《うちがわ》のはんいしかよく見えませんが、コンタクトレンズなら視界全体《しかいぜんたい》を見ることができます。

しかし、コンタクトレンズにも問題点《もんだいてん》があります。それは角まくに酸素《さんそ》が行きわたりにくくなるということです。また、目から出たよごれがコンタクトレンズにたまり、それが角まくをきずつけることもあります。コンタクトレンズの実用化《じつようか》に時間がかかったのは、これらの問題点《もんだいてん》を解決《かいけつ》しなくてはならなかったからです。

わたしたちは、空気をすって酸素《さんそ》を取《と》りこんでいます。酸素《さんそ》は血管《けっかん》で、からだ中に運《はこ》ばれますが、角まくには血管《けっかん》がありません。角まくには、空気中の酸素《さんそ》が直接《ちょくせつ》取《と》りこまれたり、なみだが酸素《さんそ》を運《はこ》んだりしています。なみだは常《つね》に目をしめらせているものですが、コンタクトレンズがくっついていると、なみだの流《なが》れが悪《わる》くなるのです。

今、使《つか》われているコンタクトレンズの多くは、酸素《さんそ》を通す素材《そざい》が使《つか》われています。また、なみだの流《なが》れを止めないようなやわらかい素材《そざい》も使《つか》われています。よごれをきれいに落《お》とせるせんじょう液《えき》もあります。

しかし、コンタクトレンズをつければ、目には負担《ふたん》がかかります。コンタクトレンズを使《つか》うときは、お医者《いしゃ》さんとよく相談《そうだん》してからにしましょう。

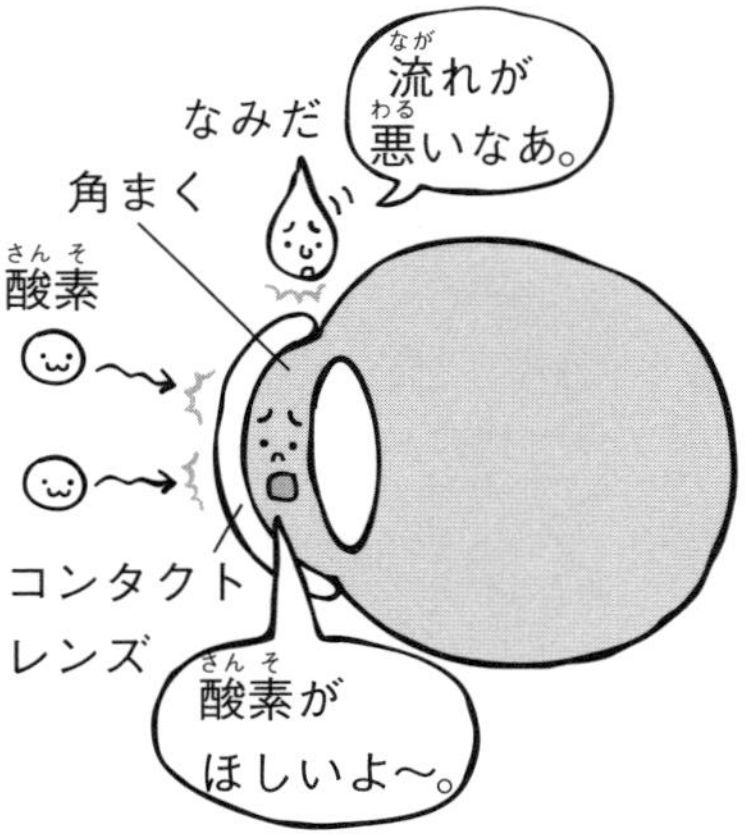
なみだ
流《なが》れが悪《わる》いなあ。
角まく
酸素《さんそ》
コンタクトレンズ
酸素《さんそ》がほしいよ〜。

どうして女の人には、ひげがないの？

ひげは、男の人が成長《せいちょう》すると生えてきます。口のまわり、ほお、あごなどに生えます。どうして女の人には、生えないのでしょうか。実《じつ》は、生えないとはいいきれません。女の人でも生える場合があります。

たいていのほ乳類《にゅうるい》（赤ちゃんで産《う》まれて、お乳《ちち》で育《そだ》つ動物《どうぶつ》）のからだには、毛が生えています。人間の場合も、よく見ると細くて短《みじか》い毛がからだ全体《ぜんたい》に生えています。顔にも生えています。顔に生えている毛のうち、口のまわり、ほお、あごなどで、太くなってのびるようになった毛が、ひげです。

では、どんなときに、ひげが生えるのでしょう。それは、男性《だんせい》ホルモンがからだの中で出たときです。人により量《りょう》はちがいますが、男性《だんせい》ホルモンは、女の人のからだの中でもつくられています。ホルモンは血液《けつえき》に混《ま》じってからだ全体《ぜんたい》に運《はこ》ばれますが、ごくわずかでもからだに変化《へんか》をもたらします。しかも決《き》まった場所《ばしょ》に作用するという性質《せいしつ》を持《も》っています。

男性《だんせい》ホルモンの出方を調整《ちょうせい》しているのは、

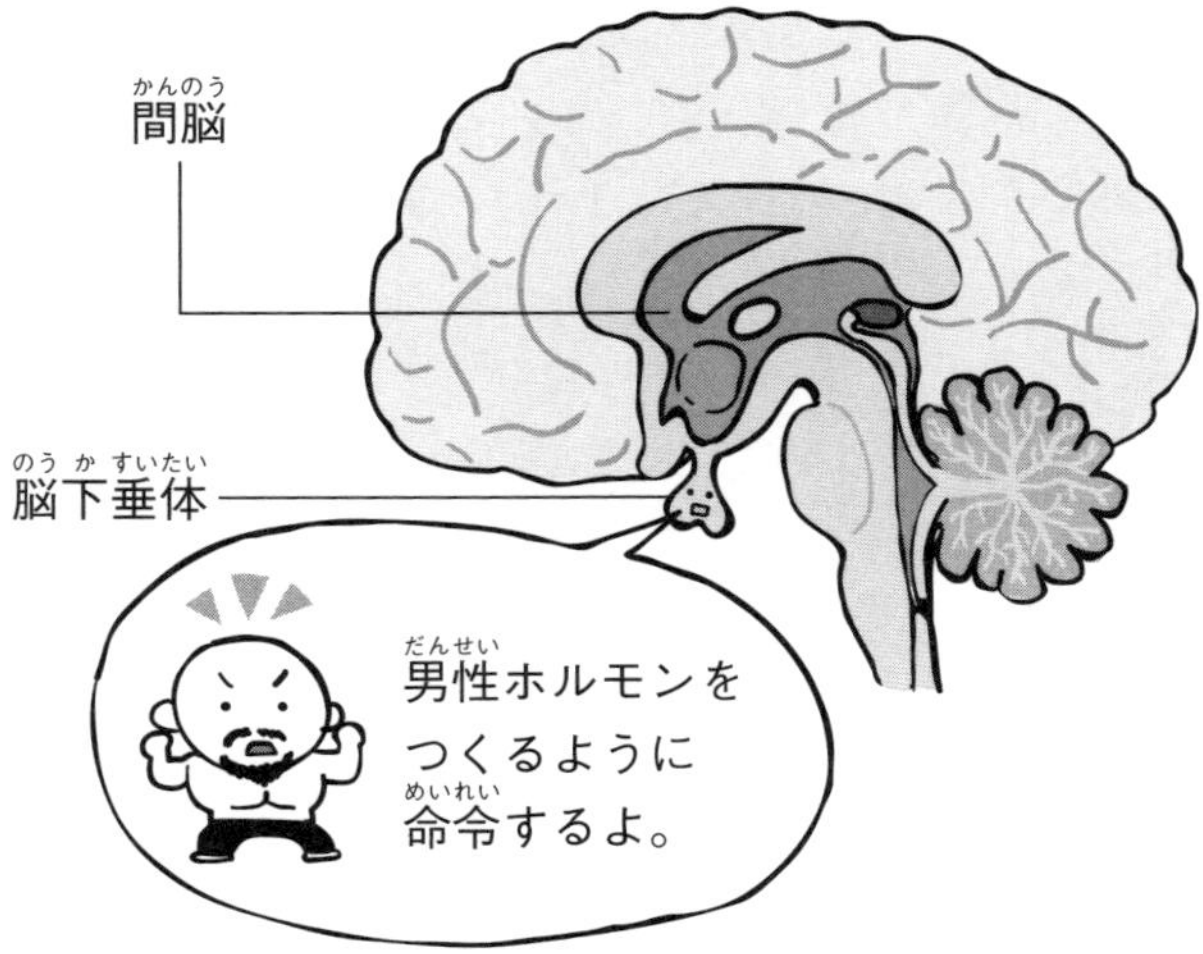
間脳《かんのう》
脳下垂体《のうかすいたい》
男性《だんせい》ホルモンをつくるように命令《めいれい》するよ。

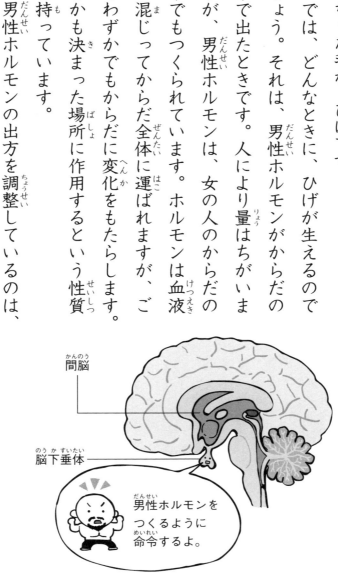

脳《のう》の真《ま》ん中《なか》あたりにある「間脳《かんのう》」というところです。間脳《かんのう》の下にある小さな出っぱりである「脳下垂体《のうかすいたい》」が命令《めいれい》すると、男性《だんせい》ホルモンがつくられるようになっています。個人差《こじんさ》はありますが、男の子の場合、男性《だんせい》ホルモンが出るのは、中学生くらいになったときが多いようです。

男性《だんせい》ホルモンだけではありません。女性《じょせい》ホルモンや、からだを成長《せいちょう》させるホルモン、エネルギーのもとを増《ふ》やすホルモンなど、間脳《かんのう》はいろいろなホル

モンを出す働《はたら》きをしています。

また、間脳《かんのう》は、ホルモンの量《りょう》をおさえる働《はたら》きもします。つまり、男性《だんせい》ホルモンが血液《けつえき》の中に増《ふ》えると、男性《だんせい》ホルモンをそれ以上《いじょう》出さないようにも命令《めいれい》します。そのため、ひげがやたらとたくさん生えることは、ふつうは、多くありません。

ちなみに、男性《だんせい》ホルモンによって、なぜひげが生えるのか、はっきりしたことはわかりません。大昔《おおむかし》、人間の祖先《そせん》は野外《やがい》で狩《か》りを中心《ちゅうしん》にした生活をしていました。おもに狩《か》りをしていた大人の男の人が、大切な顔を守《まも》ることに、ひげが役立《やくだ》っていたのかもしれません。

また、ライオンのたてがみのように、ひげは男性《だんせい》が大人になったことを示《しめ》すものだったのかもしれません。

録音《ろくおん》した自分の声は、なぜちがう声に聞こえるの？

あなたは録音《ろくおん》した自分の声を聞いたことがありますか。

きっと、自分の声とはちがう声に聞こえたはずです。それはもっともです。なぜなら実際《じっさい》ちがう声なのですから。

録音《ろくおん》した自分の声は、スピーカーから出て、空気を伝《つた》わり、自分の耳に入ってきた音ですが、ふだん聞いている自分の声は、口から出て、空気を伝《つた》わり耳に入った音と、からだを伝《つた》わって耳に入った音が混《ま》ざっているのです。

ところで、音とはなんでしょう。音とは、物《もの》がふるえて起《お》こるものです。声は、のどにある「声帯《せいたい》」という、うすいまくがふるえてできた音がもとになります。この音が、口の中や鼻《はな》の中でひびきながら出てくるのが声です。声は空気をふるわせ、ふるえた空気が相《あい》手《て》の耳の中へとどきます。耳の中のこまくがふるえ、そのふるえが音の信号《しんごう》となって脳《のう》へ伝《つた》わり、声として感《かん》じられます。

　自分の声の場合は、声帯《せいたい》でできた音が、空気を通って伝《つた》わるだけでなく、声帯《せいたい》から頭部《とうぶ》の骨《ほね》へも伝《つた》わります。この音もこまくの内側《うちがわ》

自分に聞こえている声
骨《ほね》を伝《つた》わって耳に入る。
空気を伝《つた》わって耳に入る。
人に聞こえている声
空気を伝《つた》わって耳に入る。

へとどくのです。これを「骨導音《こつどうおん》」といいます。自分の声は、口や鼻《はな》から出る声よりも、むしろ骨導音《こつどうおん》の割合《わりあい》のほうが大きくなります。

作曲家《さっきょくか》のベートーベンは、わかくして耳の病気《びょうき》になり、空気を伝《つた》わってくる音のほうが聞きとれなくなってしまいました。でもあきらめず、ピアノの音を骨導音《こつどうおん》で聞いて、作曲《さっきょく》したといわれています。棒《ぼう》を歯《は》でかみ、ピアノにおしつけて、ふるえを感《かん》じとったのです。

さらに、録音《ろくおん》したときに置《お》いたマイクの場所《ばしょ》によっても声は変《か》わります。口のすぐ近くにマイクを置《お》くと、マイクには、口から出た声が多く入ることになります。しかし、口から十五センチメートル以上《いじょう》はなして置《お》くと、口か

ベートーベンは、棒《ぼう》でピアノの音を感《かん》じとった。

ら出た声と鼻《はな》から出た声の両方《りょうほう》がマイクに入ります。口から出た声だけが録音《ろくおん》された場合は、鼻《はな》がつまったときのような声になります。

いつも聞いている自分の声と、同じような声になるように録音《ろくおん》する方法《ほうほう》があります。小《こ》型《がた》マイクを使《つか》い、口の近くには置《お》かずに、耳のあなの中に少しだけ入れて録音《ろくおん》します。深《ふか》く入れてしまうと、骨《ほね》を伝《つた》わってきた声ばかりになってしまいますが、少しだけ入れれば、骨《ほね》を伝《つた》わった声と空気を伝《つた》わった声の両方《りょうほう》を、ちょうどよいバランスで録音《ろくおん》することが可能《かのう》です。

いつもの自分の声だ！
小型《こがた》マイクを耳に少しだけ入れる。

知ってびっくり!!

数字でびっくり、からだのひみつ

わかっているようで、わかっていないのが、自分のからだです。自分のものなのに、中をのぞいて見ることはできませんからね。

そんなからだの様子《ようす》を、具体的《ぐたいてき》な数字で表《あらわ》してみました。知らなかったからだのひみつに、びっくりするかもしれませんよ。

1本分
8%
1ページ分
2はい分
36じょう分

大脳《だいのう》のしわをのばすと、新聞紙一ページ分

大脳《だいのう》の表面《ひょうめん》には、たくさんのしわがあります。百四十億個《おくこ》の神経細胞《しんけいさいぼう》を頭《ず》がい骨《こつ》という、限《かぎ》られた広さの中におさめるためにできるのです。

このしわをのばすと、面《めん》積《せき》は約《やく》二千平方《へいほう》センチメートルになります。新聞紙一ページ分に当たる広さです。

びよ〜ん
えっ!?

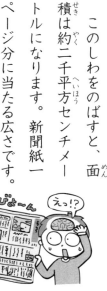

肺《はい》を広げると、たたみ三十六じょう分

わたしたちは、空気から酸素《さんそ》を取《と》りこみ、二酸化炭素《にさんかたんそ》をはきだしています。これをガス交《こう》かんといいます。その役割《やくわり》をになうのが肺《はい》です。肺《はい》は、「肺胞《はいほう》」というブドウのふさのようなものが、およそ三億個《おくこ》集《あつ》まってできています。

肺胞《はいほう》を全部《ぜんぶ》広げたとすると、面積《めんせき》は約《やく》六十平方《へいほう》メートル、およそたたみ三十六じょう分になります。面積《めんせき》が広いので、ガス交かんを効率《こうりつ》よく行うことができます。

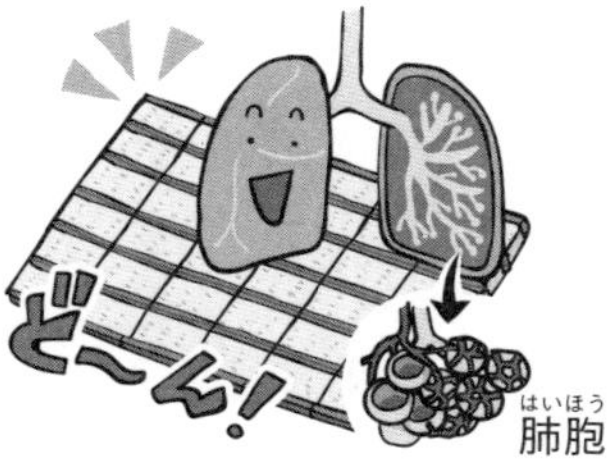

体重《たいじゅう》のおよそ八パーセントは、血液《けつえき》

体重《たいじゅう》が三十キログラムの人であれば、その約《やく》八パーセント、つまり、約《やく》二・四キログラムが血液《けつえき》です。

心臓《しんぞう》のポンプのような働《はたら》きによって、血液《けつえき》はからだ中をめぐり、再《ふたた》び心臓《しんぞう》へもどってきます。

血液《けつえき》は、肺《はい》で受《う》けとった酸素《さんそ》を運《はこ》んだり、腸《ちょう》などの内臓《ないぞう》から受《う》けとった栄養《えいよう》を運《はこ》んだりする大事《だいじ》な役《やく》目《め》を持《も》っています。血《けつ》液《えき》の約《やく》半分を、出血《しゅっけつ》で失《うしな》うと、命《いのち》があぶなくなります。

胃液《いえき》の量《りょう》は、一日で、大きなペットボトル一本分

胃《い》は、のびちぢみする筋肉《きんにく》のふくろで、約《やく》一・三リットルの食《た》べ物《もの》が入ります。

食べた物《もの》が胃《い》に入ると、胃《い》から胃液《いえき》が出ます。一回の食事《しょくじ》で〇・五リットルは出るので、おやつなどをふくめれば一日に約《やく》一・五〜二・五リットル出ます。

胃液《いえき》には塩酸《えんさん》とペプシンというものがふくまれています。塩酸《えんさん》は、食べた物《もの》を消化《しょうか》させやすくするなどの作用があり、ペプシンはたんぱく質《しつ》を分《ぶん》解《かい》します。

いっぱい出てるよ〜
胃液《いえき》
2リットル

ぼうこうにたまるにょうは、コップ約《やく》二はい分の量《りょう》

にょうがたまるところを、ぼうこうといいます。ぼうこうは、筋肉《きんにく》でできたふくろで、ふだんはぺちゃんこです。にょうがたまるとだんだんふくらんできて、二百五十ミリリットルほどたまると、トイレに行きたくなります。

最大《さいだい》にたまったとしても、三百〜四百五十ミリリットルです。コップ約《やく》二はい分です。トイレに行きたくなったら、がまんせず、早めに行きましょう。

う〜
おしっこ
もれる〜
もーいっぱい
でーす

※にょうの量《りょう》には、いくつかの説《せつ》があります。

文・入澤宣幸　絵・森のくじら　知ってびっくり！マーク・森 佳世

国・社会の、なぜ？ どうして？

文・高橋みか
絵・森 佳世

警視庁《けいしちょう》と警察庁《けいさつちょう》って、どうちがうの？

ドラマやニュースなどで、「警視庁《けいしちょう》」という言葉《ことば》を耳にしたことはありませんか。

警察《けいさつ》の組織《そしき》の中には、「警察庁《けいさつちょう》」という機関《きかん》もあります。警視庁《けいしちょう》と警察庁《けいさつちょう》は、よく似《に》た名前ですが、この二つのちがいはなんでしょう。

日本の警察《けいさつ》の組織《そしき》は、まず内閣総理大臣《ないかくそうりだいじん》のもとに国家公安委員会《こっかこうあんいいんかい》が置《お》かれ、その管理《かんり》のもとに警察庁《けいさつちょう》が置《お》かれています。警察庁《けいさつちょう》は、広いはんいで起《お》こっている犯罪《はんざい》への対応《たいおう》などで、都道府県《とどうふけん》の警察《けいさつ》を指揮監督《しきかんとく》する国の行政機関《ぎょうせいきかん》です。ほかの警察《けいさつ》のように事件《じけん》をそう査《さ》することはありません。

四十七都道府県《とどうふけん》の警察《けいさつ》のうち、東京都《とうきょうと》の警察《けいさつ》を「警視庁《けいしちょう》」といいます。ほかの道府県《どうふけん》では、「○○(県《けん》)警察本部《けいさつほんぶ》」といい、一番えらい人のことを「本部長《ほんぶちょう》」とよぶのに対《たい》し、警視庁《けいしちょう》だけは、「警視総監《けいしそうかん》」とよびます。これらは「警察法《けいさつほう》」という法律《ほうりつ》で決《き》められています。

つまり、警視庁《けいしちょう》は、東京都《とうきょうと》で起《お》こる犯罪《はんざい》についてそう査《さ》し、対応《たいおう》する機関《きかん》ということになります。

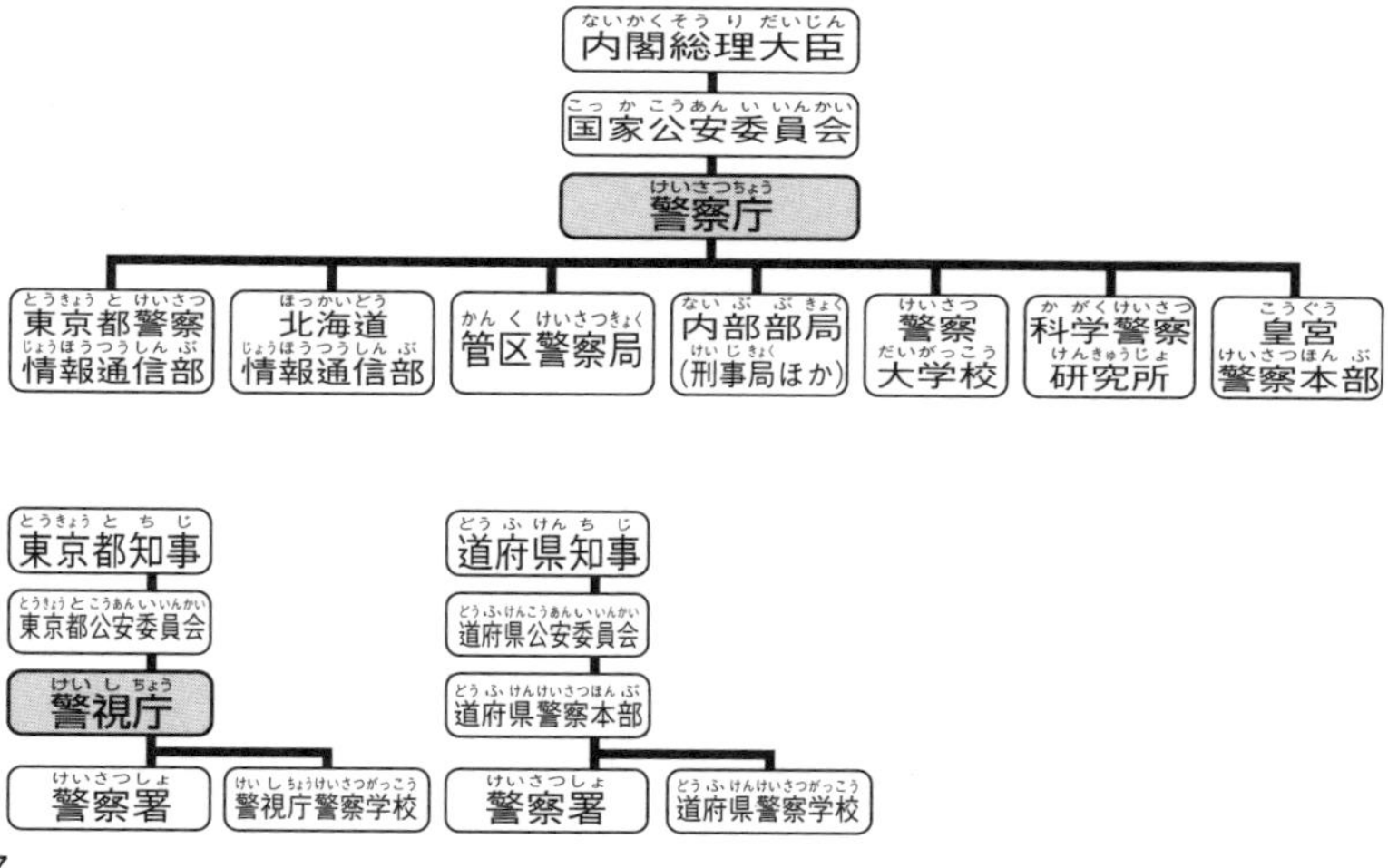

東京都《とうきょうと》は日本の首都《しゅと》であり、国の重要《じゅうよう》な機関《きかん》が集《あつ》まっていることなどから、ほかの道府県《どうふけん》の警察《けいさつ》とはちがう仕事《しごと》もしています。

例《たと》えば、天皇《てんのう》など皇族《こうぞく》の警護《けいご》、総理大臣《そうりだいじん》が仕事《しごと》をしている官邸《かんてい》の警備《けいび》、外国からやってきた大統領《だいとうりょう》や総理大臣《そうりだいじん》などの警護《けいご》、各国《かっこく》の大使館《たいしかん》の警備《けいび》などは、警視庁《けいしちょう》の重要《じゅうよう》な仕事《しごと》です。

パトカーにも、北海道《ほっかいどう》なら「北海道警察《ほっかいどうけいさつ》」、大阪府《おおさかふ》なら「大阪府警察《おおさかふけいさつ》」、宮《みや》城県《ぎけん》なら「宮城県警察《みやぎけんけいさつ》」というように、各道府《かくどうふ》県《けん》の名前が書かれていますが、東京都《とうきょうと》を走るパトカーには、「警視庁《けいしちょう》」と書かれています。

「人間国宝《にんげんこくほう》」って、どんな人？

人びとの生活のしかたそのものを「文化《ぶんか》」といいます。日本の歴史《れきし》の中で、文化《ぶんか》は少しずつ形を変《か》えながら、受《う》けつがれてきました。生活していくうえで必要《ひつよう》とされ、生みだされたさまざまなもののうち、特《とく》にすばらしいものや、すばらしいものを生みだせるすぐれた技術《ぎじゅつ》などを、「文化財《ぶんかざい》」とよび、「文化《ぶんか》財保護法《ざいほごほう》」という法律《ほうりつ》で守《まも》っています。

古いお寺などの建物《たてもの》や絵画《かいが》などの美術品《びじゅつひん》は、実際《じっさい》に目で見ることができる、

「形のある」文化財《ぶんかざい》なので、「有形文化財《ゆうけいぶんかざい》」とよばれています。

いっぽうで、演劇《えんげき》や音楽、工芸技術《こうげいぎじゅつ》などに見られるすぐれた「技《わざ》」は、「形がない」ので、「無形文化財《むけいぶんかざい》」とよばれています。

この無形文化財《むけいぶんかざい》のうち、特《とく》にすぐれたものを「重要無形文化財《じゅうようむけいぶんかざい》」とし、その中でも特《とく》に高度《こうど》な「技《わざ》」を持《も》った人、または、そうした人が集《あつ》まった団体《だんたい》を、重要無形文化財《じゅうようむけいぶんかざい》を持《も》つ者《もの》として国が認定《にんてい》します。

この重要無形文化財《じゅうようむけいぶんかざい》を持《も》つ者《もの》のうち、個人《こじん》で認定《にんてい》された人を、一般《いっぱん》に「人間国宝《にんげんこくほう》」とよんで

います。（正式《せいしき》には、「重要無形文化財保持者《じゅうようむけいぶんかざいほじしゃ》」といいます。）

重要無形文化財《じゅうようむけいぶんかざい》には、「芸能《げいのう》」と「工芸技術《こうげいぎじゅつ》」の二つの分野があります。芸能《げいのう》では、歌舞伎《かぶき》や能楽《のうがく》などをはじめ、伝統的《でんとうてき》な楽器《がっき》の演奏《えんそう》や、舞踊《ぶよう》などの高度《こうど》な「技《わざ》」を持《も》った人が人間国宝《にんげんこくほう》に選《えら》ばれています。また工芸技術《こうげいぎじゅつ》では、陶芸《とうげい》や染織《せんしょく》（染物《そめもの》と織物《おりもの》）、漆芸《しつげい》、木竹工《もくちくこう》などの「技《わざ》」にすぐれた人が、選《えら》ばれています。

人間国宝《にんげんこくほう》に選《えら》ばれた人には、国から助成金《じょせいきん》が交付《こうふ》されています。これは、人間国宝《にんげんこくほう》が、さらに自分の「技《わざ》」をみがきつつ、「技《わざ》」を受《う》けついでくれる伝承者《でんしょうしゃ》を育《そだ》てることに使《つか》われます。

二〇一九年五月現在《げんざい》、芸能《げいのう》の部《ぶ》で五十一人、工芸技術《こうげいぎじゅつ》の部《ぶ》で五十九人が人《にん》間国宝《げんこくほう》に認定《にんてい》されています。

人間国宝《にんげんこくほう》に選《えら》ばれた人がなくなった場合、専門家《せんもんか》による会議《かいぎ》によって話しあいが行われ、新たな人間国宝《にんげんこくほう》が決《き》められます。

下にしょうかいするのは、「木版摺更紗《もくはんずりさらさ》」という染物《そめもの》を作る鈴田滋人《すずたしげと》さんです。とても細かく、豊《ゆた》かな色の構成《こうせい》が高く評価《ひょうか》され、二〇〇八年に工芸技術《こうげいぎじゅつ》の部《ぶ》の「染織《せんしょく》」という分野で人間《にんげん》国宝《こくほう》に選《えら》ばれました。

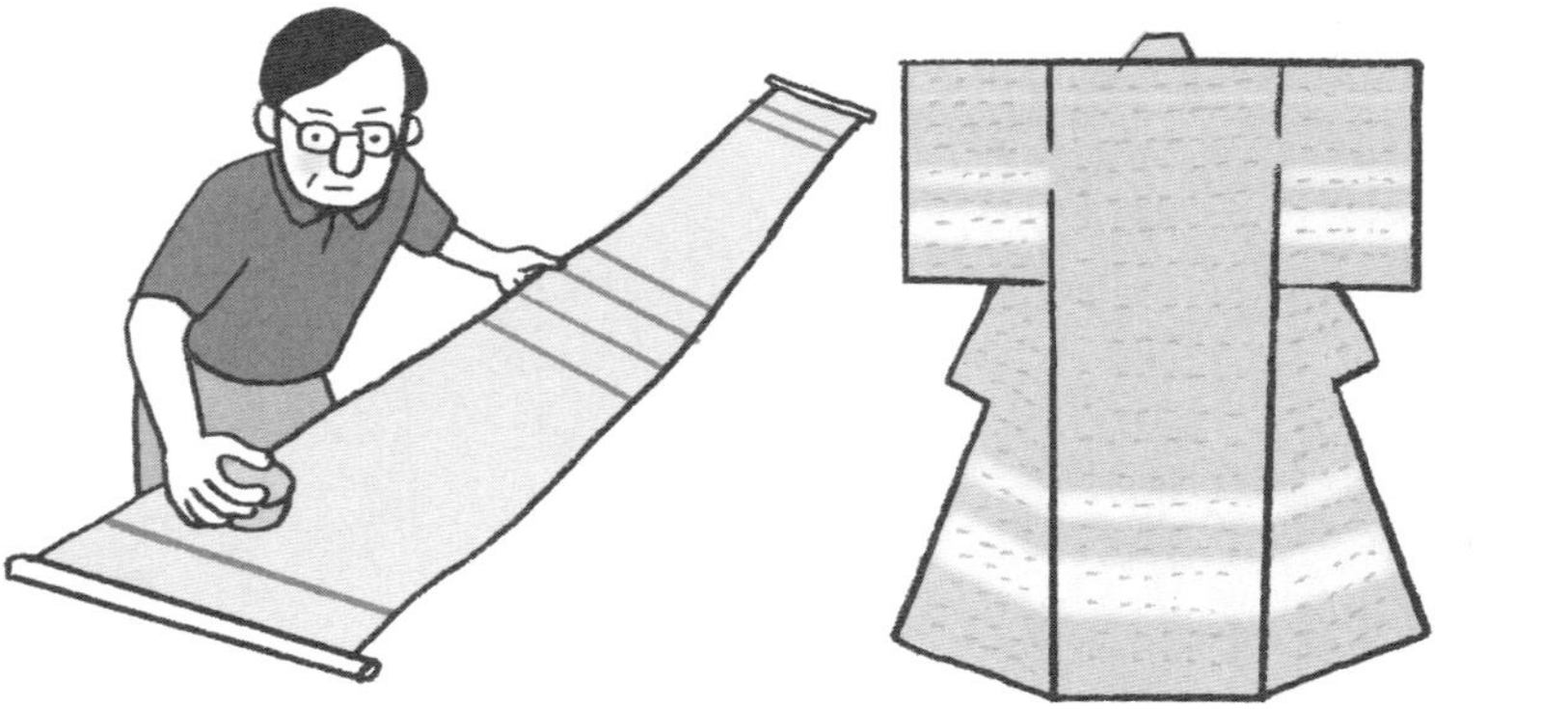

人間国宝《にんげんこくほう》の鈴田滋人《すずたしげと》さんが作る「木版摺更紗《もくはんずりさらさ》」の着物《きもの》は、細《こま》かい文様《もんよう》がびっしり配置《はいち》されているのが特《とく》ちょうです。

「株《かぶ》」って、どんなもの？

　会社をつくるときは、仕事《しごと》に使《つか》う設備《せつび》や材料《ざいりょう》を準備《じゅんび》するため、たくさんの資金《しきん》が必要《ひつよう》になります。
　必要《ひつよう》なお金を全部《ぜんぶ》自分でためようとすると、時間がかかり、なかなか会社を始《はじ》めることができません。また、必要《ひつよう》なお金を銀行《ぎんこう》などから借《か》りるとなると、あとから利子《りし》をつけて返《かえ》すことになります。
　そこで、足りないお金をいろいろな人から集《あつ》めて、会社を始《はじ》める方法《ほうほう》があります。

　お金を出した人は、お金を出したしょうことして「株《かぶ》（株式《かぶしき》）」をもらいます。

　つまり、自分のお金が足りなくても、株《かぶ》を発《はっ》行《こう》してお金を集《あつ》め、会社を始《はじ》めることができるのです。株《かぶ》と引きかえに集《あつ》まったお金で始《はじ》めた会社を、「株式会社《かぶしきがいしゃ》」といいます。

　株《かぶ》を持《も》っている人を「株主《かぶぬし》」といいます。会社がもうかれば株主《かぶぬし》は、利益《りえき》を分配《ぶんぱい》したお金をしはらってもらえます。これを「配当金《はいとうきん》」といいます。会社がずっともうかりつづければ、株《かぶ》主《ぬし》は毎年配当金《はいとうきん》を受《う》けとることができます。同

〈株《かぶ》のしくみ〉

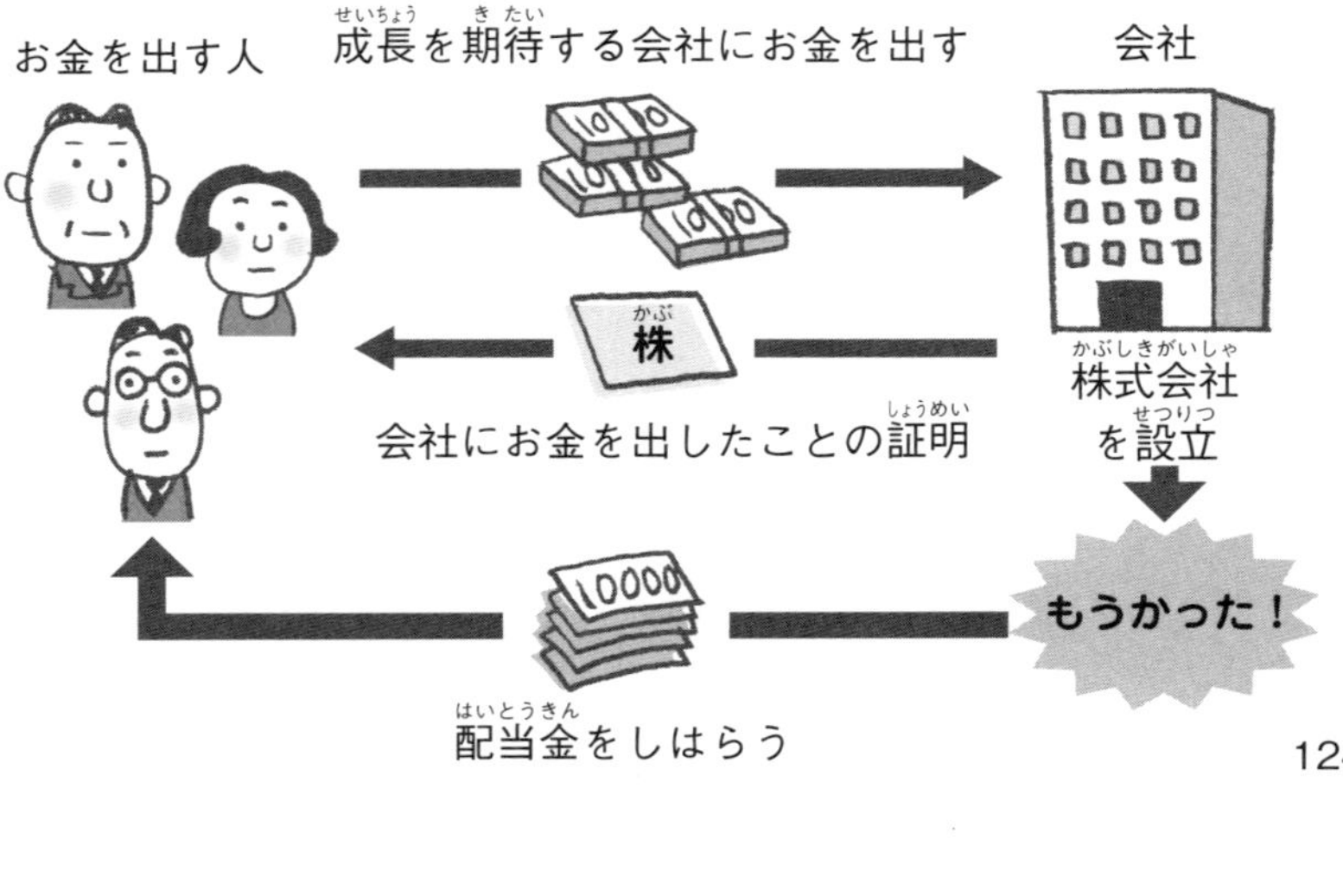

じ人が、いくつかのちがう会社の株主《かぶぬし》になることもできます。「株式会社《かぶしきがいしゃ》」は、株《かぶ》と引きかえに集《あつ》めたお金を、返《かえ》さなくてもいいことになっています。いっぽう、株主《かぶぬし》は、お金が必要《ひつよう》になったとき、株《かぶ》をほかの人に売ることでお金にかえることができます。

そこで、株《かぶ》の売買が行われます。株《かぶ》の売買は「証券取引所《しょうけんとりひきじょ》」というところで行われています。証券取引所《しょうけんとりひきじょ》は、株《かぶ》の売買の注文《ちゅうもん》を一か所《しょ》に集《あつ》めることで、売買の相手《あいて》を見つけやすくしている場所《ばしょ》です。

株《かぶ》には、「一株何円《ひとかぶ》」という、ねだんがあります。これからもうかりそうな会社や、経営《けいえい》が安定《あんてい》している会社や配当金《はいとうきん》が多めの会社などの株《かぶ》は、買いたい人がたくさんいます。

また、配当金《はいとうきん》とは別《べつ》に、会社が株主《かぶぬし》に物《もの》やサービスをおくることがあります。「株主優待《かぶぬしゆうたい》」といい、自社製品《じしゃせいひん》や商品券《しょうひんけん》など、会社によってさまざまですが、株主優待《かぶぬしゆうたい》のじゅう実《じつ》した会社の株《かぶ》を買いたいという人が多くいます。こういった会社の株《かぶ》は、人気が高く、ねだんが上がります。

反対《はんたい》に、事業《じぎょう》がうまくいかなくてもうかっていない会社は、人気をなくし、株《かぶ》を買いたい人が少なくなるうえに、すでにその会社の株《かぶ》を持《も》っている人も手ばなそうとするため、ねだんが下がります。

このようにして、株《かぶ》のねだんは毎日上がったり、下がったりします。株《かぶ》は、配当金《はいとうきん》のことを考えなければ、自分が買ったときよりも高く売れば得《とく》をし、安《やす》く売れば損《そん》をします。そのため、株《かぶ》の売買をしている人たちは、タイミングを見計らっているのです。

視聴率《しちょうりつ》って、どうやって測《はか》るの？

ドラマやスポーツのテレビ番組で、放送後《ほうそうご》に「最高視聴率《さいこうしちょうりつ》が二十パーセントをこえた」などといわれることがあります。

視聴率《しちょうりつ》とは、ある番組がどれほど多くの人たちに見られたかを表《あらわ》す目安《めやす》のようなものです。

視聴率《しちょうりつ》の調査《ちょうさ》は、ビデオリサーチという会社《かいしゃ》が行っています。関東《かんとう》で九百世帯《せたい》、関西《かんさい》・名古屋《なごや》で六百世帯《せたい》、それ以外《いがい》の二十三地区《ちく》でそれぞれ二百世帯《せたい》ずつに協力《きょうりょく》してもらっています。

調査《ちょうさ》に協力《きょうりょく》してもらうのは、テレビがある家庭《かてい》で、一人ぐらしの人もふくみます。家《いえ》のテレビに専用《せんよう》の機器《きき》を取《と》りつけ、調査《ちょうさ》します。

各家庭《かくかてい》が、どのテレビ番組《ばんぐみ》を見たかという情報《じょうほう》は、地区《ちく》によって一日ごと、あるいは毎月特定《とくてい》の二週間分がまとめられ、データセンターに送《おく》られます。その結果《けっか》をもとに視聴率《しちょうりつ》が計算《けいさん》され、テレビ局《きょく》や広告制作会社《こうこくせいさくがいしゃ》などに提供《ていきょう》されているのです。

視聴率調査《しちょうりつちょうさ》の対象《たいしょう》となるのはテレビ放送《ほうそう》だけでなく、番組の録画《ろくが》やそれを再生《さいせい》して見たもの

も、関東《かんとう》・関西《かんさい》・名古屋地区《なごやちく》では、放送中《ほうそうちゅう》のものとは別《べつ》に調査《ちょうさ》しています。

また、テレビゲームなどは調査《ちょうさ》の対象《たいしょう》になりません。

さて、このようにして調《しら》べた視聴率《しちょうりつ》は、どんなことに利用《りよう》されているのでしょうか。

オリンピックやサッカーのワールドカップなど、スポーツの番組や、大きな事件《じけん》が起《お》こったときの特集番組《とくしゅうばんぐみ》の視聴率《しちょうりつ》から、人びとがそれらについて、どれほど関心《かんしん》を持《も》っているかを知ることができます。

また、視聴率《しちょうりつ》が高い番組の移《うつ》りかわりから、流行《りゅうこう》や社会現象《しゃかいげんしょう》など、社会全体《しゃかいぜんたい》の動《うご》きを知ることもできます。

ほかには、テレビのコマーシャルを作る広告制作会社《こうこくせいさくがいしゃ》が、その商品《しょうひん》を買ってくれそうな人に見てもらうためには、どんな番組の合間に放送《ほうそう》するのがよいかを視聴率《しちょうりつ》を参考《さんこう》にして決《き》めることがあります。アニメ番組の合間に流《なが》れる、おもちゃやゲームのコマーシャルを見て、ついほしくなってしまった人もいるでしょう。

さらに、人びとがテレビをよく見る時間帯《じかんたい》や、よく見られている番組を知り、これからの番組作りの参考《さんこう》にするために、視聴率《しちょうりつ》が利《り》用《よう》されることもあります。

インターネットは、どういうしくみなの？

みなさんは、学校や家庭《かてい》で、インターネットを活用していますか。

インターネットをつなげば、はなれたところにあるコンピュータ同士《どうし》でも、文字はもちろん、写真《しゃしん》や音楽、動画《どうが》、映像《えいぞう》などのさまざまな情報《じょうほう》のやりとりができるようになります。また、SNS《エスエヌエス》（ソーシャル・ネットワーキング・サービス）などを利用《りよう》して、世界中《せかいじゅう》に情報《じょうほう》を発信《はっしん》したり、メッセージをやりとりしたりすることも可能《かのう》です。

インターネットは、いったいどういうしくみで、世界中《せかいじゅう》とつながっているのでしょうか。

インターネットができる前は、「パソコン通信《つうしん》」という方法《ほうほう》で、情報《じょうほう》の交《こう》かんをしていました。利用《りよう》したい人は、自分のパソコンをサーバーとよばれる、いつも稼働《かどう》しているコンピュータにつないで情報《じょうほう》を得《え》ていたのです。だれかと情報《じょうほう》を交《こう》かんするときは、一度《ど》このサーバーを経由《けいゆ》して、やりとりしていました。

しかし、この方法《ほうほう》では、あるサーバーから別《べつ》なサーバーにいちいち切《き》りかえる必要《ひつよう》がありました。そこで、いくつものコンピュータが同時につながり、ちがう情報《じょうほう》をやりとりする方法《ほうほう》が考えだされたのです。

この方法《ほうほう》は「アーパネット」とよばれ、サーバーを通さずに、はなれたところにあるコンピュータ同士《どうし》を直接《ちょくせつ》つなぐしくみでした。これがインターネットの始《はじ》まりだといわれています。その後、一九八六年にはアメリカ政府《せいふ》の機関《きかん》が、今のインターネットの基礎《きそ》となる「NSF《エヌエスエフ》ネット」を開発《かいはつ》しました。そして、一般《いっぱん》の人にも使《つか》われはじめ、世界中《せかいじゅう》のコンピュータが電話線などでつながるようになりました。

インターネットを始《はじ》めるためには、世界中《せかいじゅう》にはりめぐらされた網《あみ》の目のようなつながりの中に、新たに入る必要《ひつよう》があります。

そのためには、「プロバイダー」とよばれる、インターネットへ接続《せつぞく》してくれる会社にたのまなくてはなりません。もし、パソコン

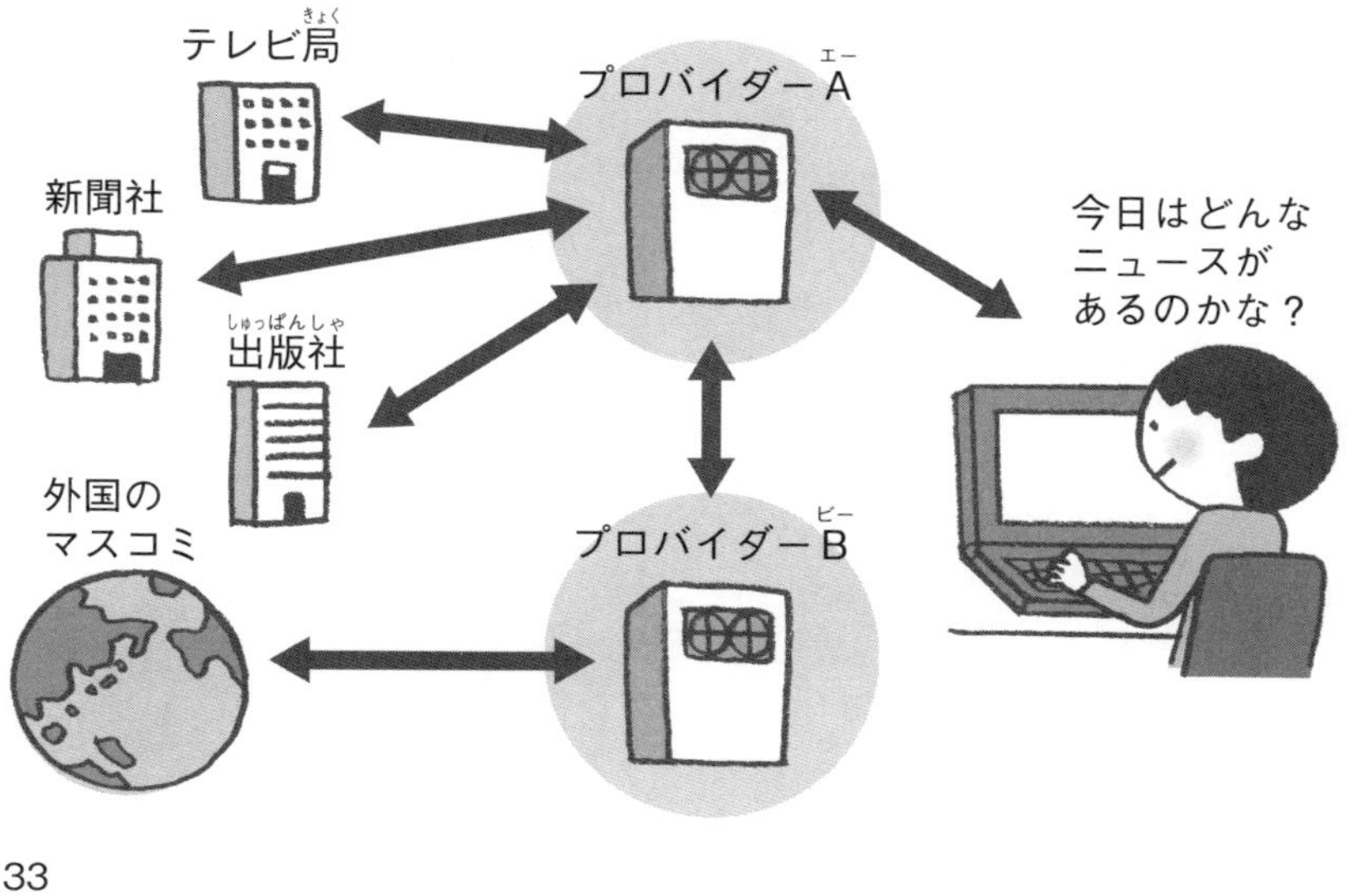
テレビ局《きょく》
プロバイダーA《エー》
新聞社
出版社《しゅっぱんしゃ》
今日はどんなニュースがあるのかな？
外国のマスコミ
プロバイダーB《ビー》

を買ったとしても、それだけではインターネットに接続《せつぞく》することはできません。プロバイダーと契約《けいやく》し、電話料金《りょうきん》のように毎月決《き》められた料金《りょうきん》をしはらって接続《せつぞく》することができるようになるのです。ただし、お店や駅《えき》など、場《ば》所《しょ》によっては無料《むりょう》でインターネットを利用《りよう》できる場合《ばあい》があります。これは、お店や鉄道《てつどう》会社などが、通信料金《つうしんりょうきん》を負担《ふたん》しているからです。

また、今はパソコン以外《いがい》でも、モバイル通《つう》信《しん》会社を通《とお》して、スマートフォンやタブレットでインターネットを活用する人が増《ふ》えています。インターネットは生活に欠《か》かせない存《そん》在《ざい》となっています。

海底《かいてい》トンネルは、どうやって造《つく》るの？

車や電車に乗《の》ったまま海をわたることができたら、とても便利《べんり》ですよね。

そこで、北海道《ほっかいどう》と本州《ほんしゅう》、また、本州《ほんしゅう》と四国《しこく》と九州《きゅうしゅう》などに、橋《はし》をかけたり、海の底《そこ》にトンネルをほったりして、電車や車が通れるようにしました。

その中でも、東京湾《とうきょうわん》の海底《かいてい》にアクアトンネルを造《つく》り、アクアブリッジとつなげて、神奈川県《かながわけん》の川崎市《かわさきし》から千葉県《ちばけん》の木更津市《きさらづし》までを結《むす》んでいるのが、「東京湾《とうきょうわん》アクアライン」とよばれる高速道路《こうそくどうろ》です。

川崎市役所《かわさきしやくしょ》から木更津市役所《きさらづしやくしょ》へ行くコースを例《れい》に、どのくらい便利《べんり》になったか、確《たし》かめてみましょう。

以前《いぜん》は、東京湾《とうきょうわん》にそって回る必要《ひつよう》があったため、渋滞《じゅうたい》がないときでも約《やく》九十分かかっていました。それが、アクアライン完成後《かんせいご》は、約《やく》三十分で着《つ》くようになりました。距離《きょり》にすると、百キロメートルから三十キロメートルと、七十キロメートルも短《みじか》くなったのです。

では、いったいどうやって海の中にトンネルを造《つく》るのでしょうか。

工事《こうじ》には、シールドマシンという、機械《きかい》が使《つか》われました。シールドとは、「保護《ほご》」や

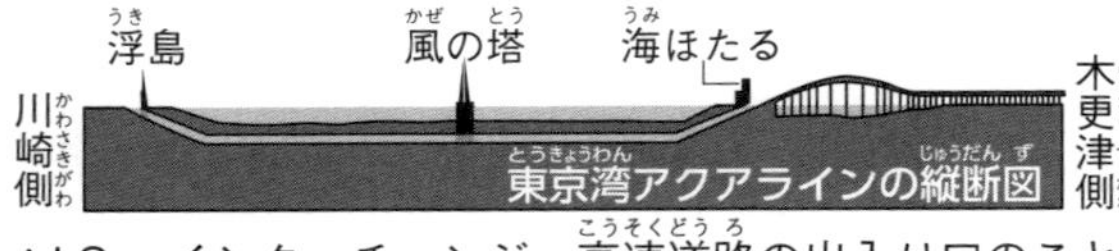

＊I.C.…インターチェンジ。高速道路《こうそくどうろ》の出入り口のこと。

「盾《たて》」という意味《いみ》です。この機械《きかい》は、つつのような形をした、鉄《てつ》の殻《から》を土におしこみ、前面《ぜんめん》についているカッターを回転《かいてん》させながら、ほりすすみます。このとき、ただほるだけでなく鉄《てつ》の殻《から》の中でコンクリートの板《いた》を、一周《しゅう》十一枚《まい》の円形に全自動《ぜんじどう》で組みたてます。トンネルを完成《かんせい》させながら前に進《すす》んでいくので、ほったあながすぐにコンクリートで支《ささ》えられ、東京湾《とうきょうわん》のやわらかい地ばんでもくずれずにすみます。さらに、ほった土は取《と》りこまれ、機械《きかい》の後ろまで運《はこ》ばれて外へ出されます。このしくみを持《も》つ専用《せんよう》のシールドマシンを八機《き》使《つか》い、全長《ぜんちょう》九千六百メートルのアクアトンネルが二本完成《かんせい》したのです。

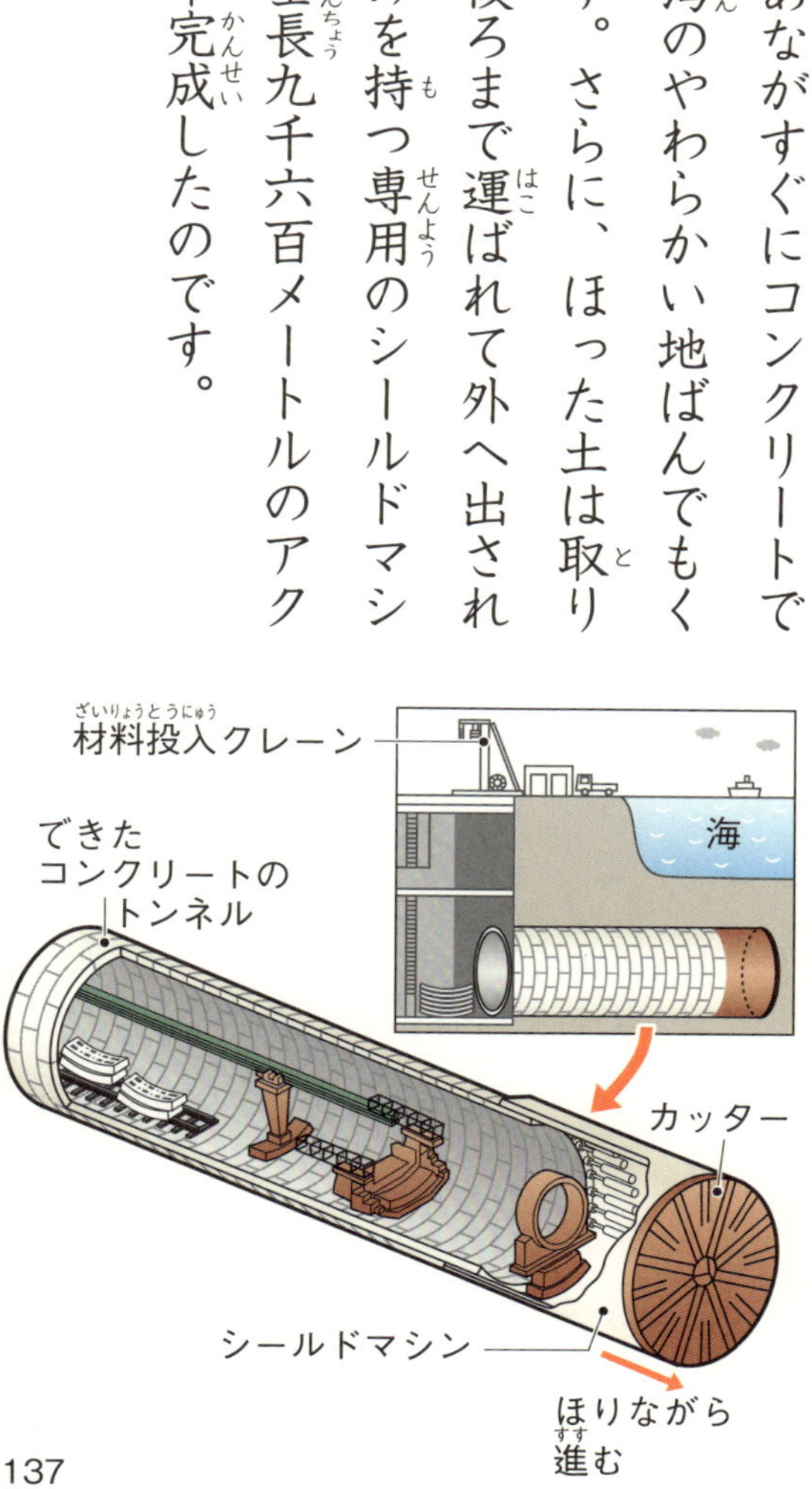

おもしろ海底《かいてい》トンネルのひみつ

世界《せかい》で初《はじ》めて造《つく》られたものや、世界一《せかいいち》長いものなど、さまざまな特《とく》ちょうを持《も》った、海底《かいてい》トンネルをしょうかいします。

世界初《せかいはつ》の海底《かいてい》トンネル　関門《かんもん》トンネル

山口県下関市《やまぐちけんしものせきし》と福岡県北九州市《ふくおかけんきたきゅうしゅうし》を結《むす》ぶこのトンネルは、上下線ともに全長約《ぜんちょうやく》三千六百メートルの世界初《せかいはつ》の海底鉄道《かいていてつどう》トンネルです。日本が戦争中《せんそうちゅう》だった、一九四四年に完成《かんせい》し、今でも使用《しよう》されています。

実《じつ》は、このトンネルの工事《こうじ》にも、一部《いちぶ》に東京湾《とうきょうわん》アクアラインと同じしくみのシールドマシンが使《つか》われていました。当時は、山をほるトンネル工事《こうじ》でも、まだあまり使《つか》われていなかった技術《ぎじゅつ》を、初《はじ》めて本格的《ほんかくてき》に用いた工事《こうじ》だったのです。

長さ世界一《せかいいち》の海底《かいてい》トンネル
青函《せいかん》トンネル

本州《ほんしゅう》と北海道《ほっかいどう》を結《むす》ぶ青函《せいかん》トンネルは、全長《ぜんちょう》五十三・八五キロメートルという、現在《げんざい》世界《せかい》で最《もっと》も長い海底《かいてい》トンネルです。

約《やく》二十三年という月日をかけ、とても困難《こんなん》な工事《こうじ》を経《へ》て、一九八八年に開通《かいつう》しました。さらに、二〇一六年には青函《せいかん》トンネルを通《とお》る北海道新幹線《ほっかいどうしんかんせん》が開業《かいぎょう》。これにより、九州《きゅうしゅう》から北海道《ほっかいどう》まで新幹線《しんかんせん》での旅《たび》が実現《じつげん》しました。

まだ先の話ですが、シベリアとアラスカを結《むす》ぶ、全長《ぜんちょう》百五キロメートルの海底《かいてい》トンネル工事《こうじ》の計画があります。このトンネルが開通《かいつう》すれば、まちがいなく、世《せ》界一《かいいち》長い海底《かいてい》トンネルということになるでしょう。

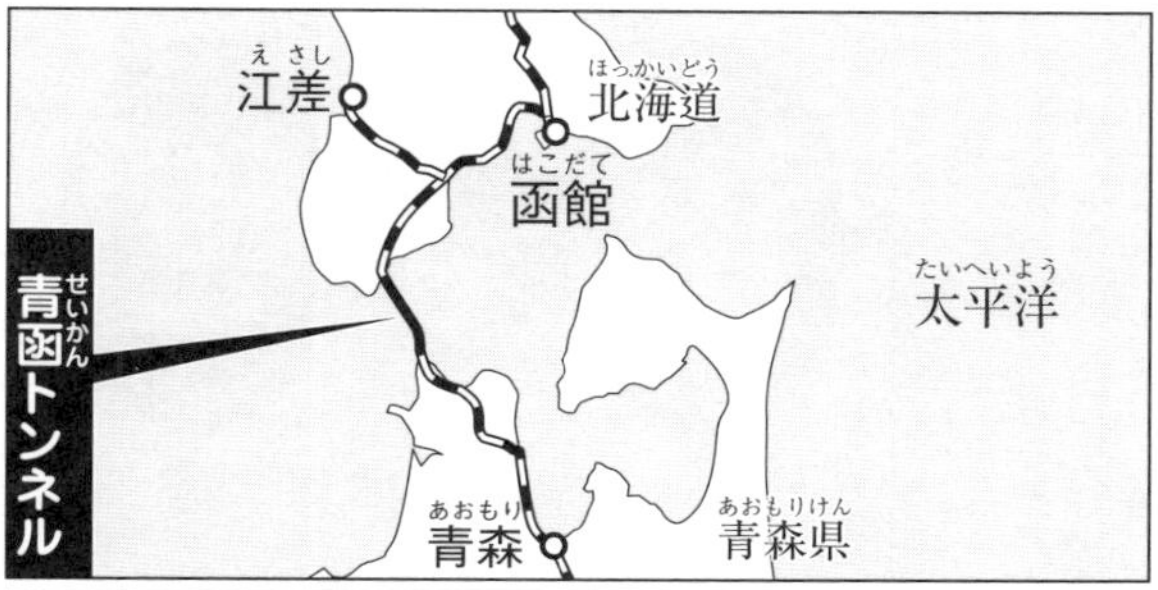

※情報《じょうほう》は、2019年10月１日現在《げんざい》のもの。

日本の技術者《ぎじゅつしゃ》たちが海外でも大活やく

英仏海峡《えいふつかいきょう》トンネル

イギリスとフランスを結《むす》んだ英仏海峡《えいふつかいきょう》（ドーバー海峡《かいきょう》）トンネルの工事《こうじ》は、全《ぜん》長《ちょう》五十・四五キロメートルという、世界《せかい》最長《さいちょう》クラスのトンネルであるにもかかわらず、計画《けいかく》の都合《つごう》でわずか三年足らずで開通《かいつう》しなくてはならないというたいへんなものでした。

フランス側《がわ》からほりすすめる作業《さぎょう》では、日本の技術《ぎじゅつ》が役立《やくだ》ちました。日本の企業《きぎょう》の技術者《ぎじゅつしゃ》たちが、自分たちで開発《かいはつ》した大《おお》型《がた》のシールドマシンを使《つか》い、フランスの技術者《ぎじゅつしゃ》や作業員《さぎょういん》と協力《きょうりょく》しあって、開通《かいつう》にこぎつけたのです。

イギリス
ロンドン
パリ
フランス
英仏海峡《えいふつかいきょう》トンネル

緊急車両用《きんきゅうしゃりょうよう》トンネル
トンネルの断面《だんめん》
上下に自動車《じどうしゃ》を積《つ》んで運《はこ》ぶことができます。

人も車も電車も通れないトンネル？

東京港横断水道管用《とうきょうこうおうだんすいどうかんよう》トンネル

東京湾《とうきょうわん》にかかるレインボーブリッジの下には、人も車も電車も通れない海底《かいてい》トンネルがあります。これは東京都《とうきょうと》水道局《すいどうきょく》が、より安定《あんてい》した水の供給《きょうきゅう》を目指《めざ》して造《つく》った、水道管用《すいどうかんよう》の海底《かいてい》トンネルです。

東京都《とうきょうと》には、どの地域《ちいき》にも二つ以上《いじょう》のルートで水を送《おく》ることができるように、水道管《すいどうかん》が通っています。この海底《かいてい》トンネルの水道管《すいどうかん》もその一部《いちぶ》で、埼玉県《さいたまけん》の三郷《みさと》浄水場《じょうすいじょう》から、東京都大田区《とうきょうとおおたく》の東海給水所《とうかいきゅうすいじょ》へ水を送《おく》れるようになりました。

東京港横断水道管用《とうきょうこうおうだんすいどうかんよう》トンネルは、直径《ちょっけい》2.45メートル、長さは2325メートルあります。

箱型海底《はこがたかいてい》トンネル

那覇《なは》うみそらトンネル

二〇一一年八月に開通《かいつう》したこのトンネルは、那覇空港《なはくうこう》と那覇港《なはこう》を結《むす》ぶ全長《ぜんちょう》千百四十メートルの、沖縄県《おきなわけん》では初《はじ》めての海《かい》底《てい》トンネルです。

那覇《なは》うみそらトンネルでは、ケーソンとよばれるコンクリートの箱《はこ》を、つなげてならべる方法《ほうほう》（沈埋工法《ちんまいこうほう》）が用いられました。この方法《ほうほう》だと、海底《かいてい》の土をたくさんほる必要《ひつよう》がないので、浅《あさ》い場所《ばしょ》に短《みじか》いトンネルを造《つく》ることができます。

陸上《りくじょう》であらかじめ造《つく》っておいたケーソンを、船で引っぱって運《はこ》びます。それを平《たい》らにした海の底《そこ》にしずめて、箱同士《はこどうし》をつないだあと、土やすなでうめて、トンネルにします。

沈埋《ちんまい》トンネルの造《つく》り方《かた》

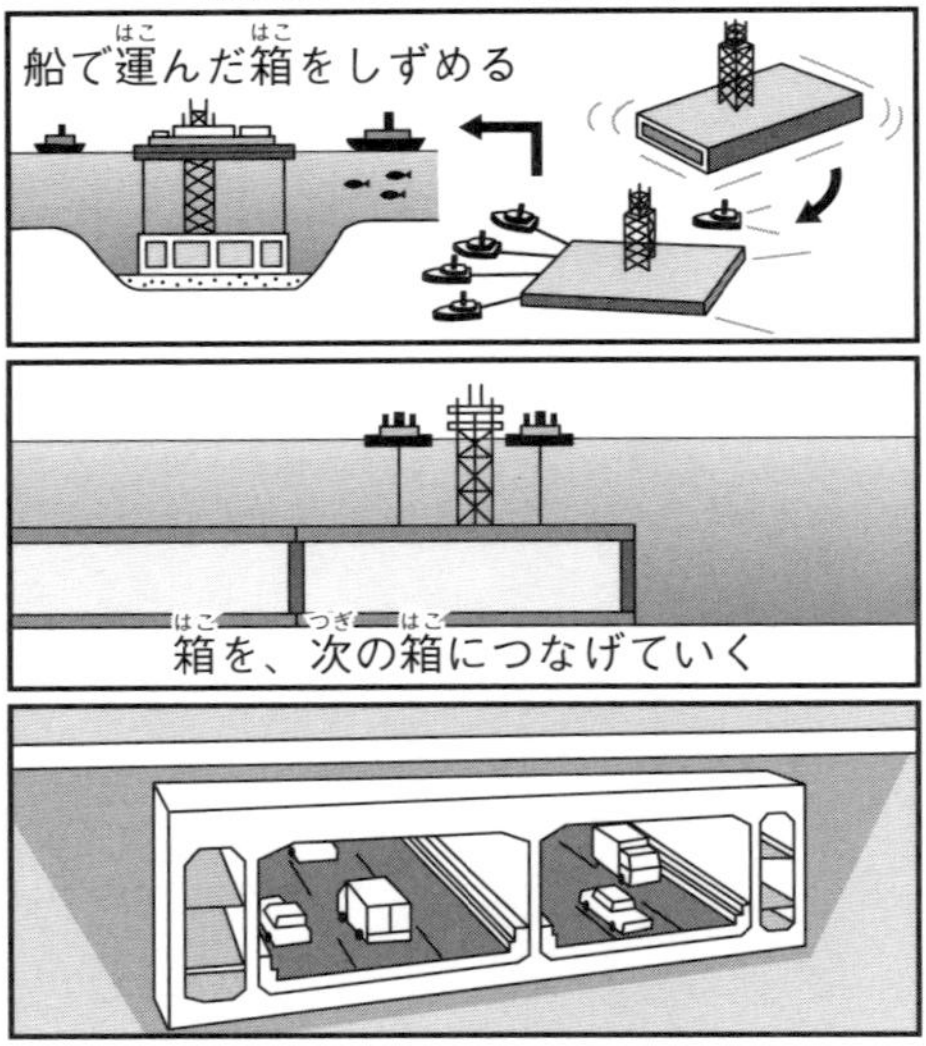
船で運《はこ》んだ箱《はこ》をしずめる
箱《はこ》を、次《つぎ》の箱《はこ》につなげていく

文・高橋みか　絵／知ってびっくり！マーク・森 佳世

スポーツの、なぜ？ どうして？

文・鶴川たくじ

絵・丸岡テルジロ

スポーツをする前、何を食べたら力が出るの？

みなさんは食物《しょくもつ》の「五大栄養素《ごだいえいようそ》」を知っていますか。
骨《ほね》や筋肉《きんにく》をつくる「たんぱく質《しつ》」、熱《ねつ》や力になる「炭水化物《たんすいかぶつ》」「脂質《ししつ》」、からだの調子《ちょうし》を整《ととの》える「ミネラル」「ビタミン」を五大栄養素《ごだいえいようそ》といいます。
からだの発育《はついく》と健康《けんこう》な生活のため、ふだんの食事《しょくじ》ではこれらの栄養素《えいようそ》をバランスよくとることが大事《だいじ》です。
しかし、スポーツをする前に限《かぎ》っていえば、力のもとになる炭水化物《たんすいかぶつ》を多くとるといいようです。脂質《ししつ》も力のもとになりますが、消化《しょうか》に時間がかかるので、スポーツ前にはすすめられません。

炭水化物《たんすいかぶつ》を多くふくむ食《た》べ物《もの》には、パン、ご飯《はん》、うどんやスパゲティなどがあります。これらを主食《しゅしょく》にして、数種類《すうしゅるい》のビタミンをふくむ果物《くだもの》をいっしょに食べると、スポーツで最《もっと》も力が出せることがわかっています。

ただし、食事《しょくじ》は試合開始《しあいかいし》の二、三時間前にすませてください。食事《しょくじ》をすると、消化《しょうか》のために、胃《い》や腸《ちょう》に血《ち》が集《あつ》まります。血《ち》は筋肉《きんにく》を動《うご》かすためにも必要《ひつよう》ですから、胃腸《いちょう》の消化活動《しょうかかつどう》が落《お》ちつく前に運動《うんどう》をすると、運《うん》動《どう》にも血《ち》が使《つか》われて、消化不良《しょうかふりょう》につながる場合もあります。

では、なぜ炭水化物《たんすいかぶつ》が、力のもとになるのでしょう。
炭水化物《たんすいかぶつ》をとると、体内で分解《ぶんかい》されて、グリコーゲンという物質《ぶっしつ》になり、筋肉《きんにく》と肝臓《かんぞう》にたくわえられます。このグリコーゲンが、筋肉《きんにく》を動《うご》かすエネルギーのもとになるのです。

ところが、サッカーのように試合《しあい》時間が長いスポーツをする場合、グリコーゲンがたくさん使《つか》われて、試合中《しあいちゅう》に足りなくなってしまうことがあります。つかれて走ることができない状態《じょうたい》がそのときです。

そうならないように、プロのサッカー選手《せんしゅ》などは、筋肉《きんにく》と肝臓《かんぞう》に最大限《さいだいげん》のグリコーゲンをためこむ「グリコーゲンローディング」という食事法《しょくじほう》を行っています。

この方法《ほうほう》では、まず、試合《しあい》の一週間前くらいから運動量《うんどうりょう》を減《へ》らし、軽《かる》めのトレーニングに変《か》えていきます。この段階《だんかい》では食事《しょくじ》は通常《つうじょう》通りです。

そして、試合《しあい》の三日くらい前に、軽《かる》めの運動《うんどう》とともに炭水化物《たんすいかぶつ》中心の食事《しょくじ》に変《か》えます。さらにこれを試合当日《しあいとうじつ》まで続《つづ》けます。すると、からだを動《うご》かすエネルギーのもとになるグリコーゲンを、体内に効率《こうりつ》よく蓄積《ちくせき》することができるのです。

持久力《じきゅうりょく》が求《もと》められる競技《きょうぎ》や、試合《しあい》時間が長い競技《きょうぎ》などで、有効《ゆうこう》な方法《ほうほう》です。

試合《しあい》のあとは、使《つか》ったエネルギーを補充《ほじゅう》するための炭水化物《たんすいかぶつ》、筋肉《きんにく》を回復《かいふく》するためのたんぱく質《しつ》、つかれをとるためのビタミンやミネラルをバランスよくとりましょう。

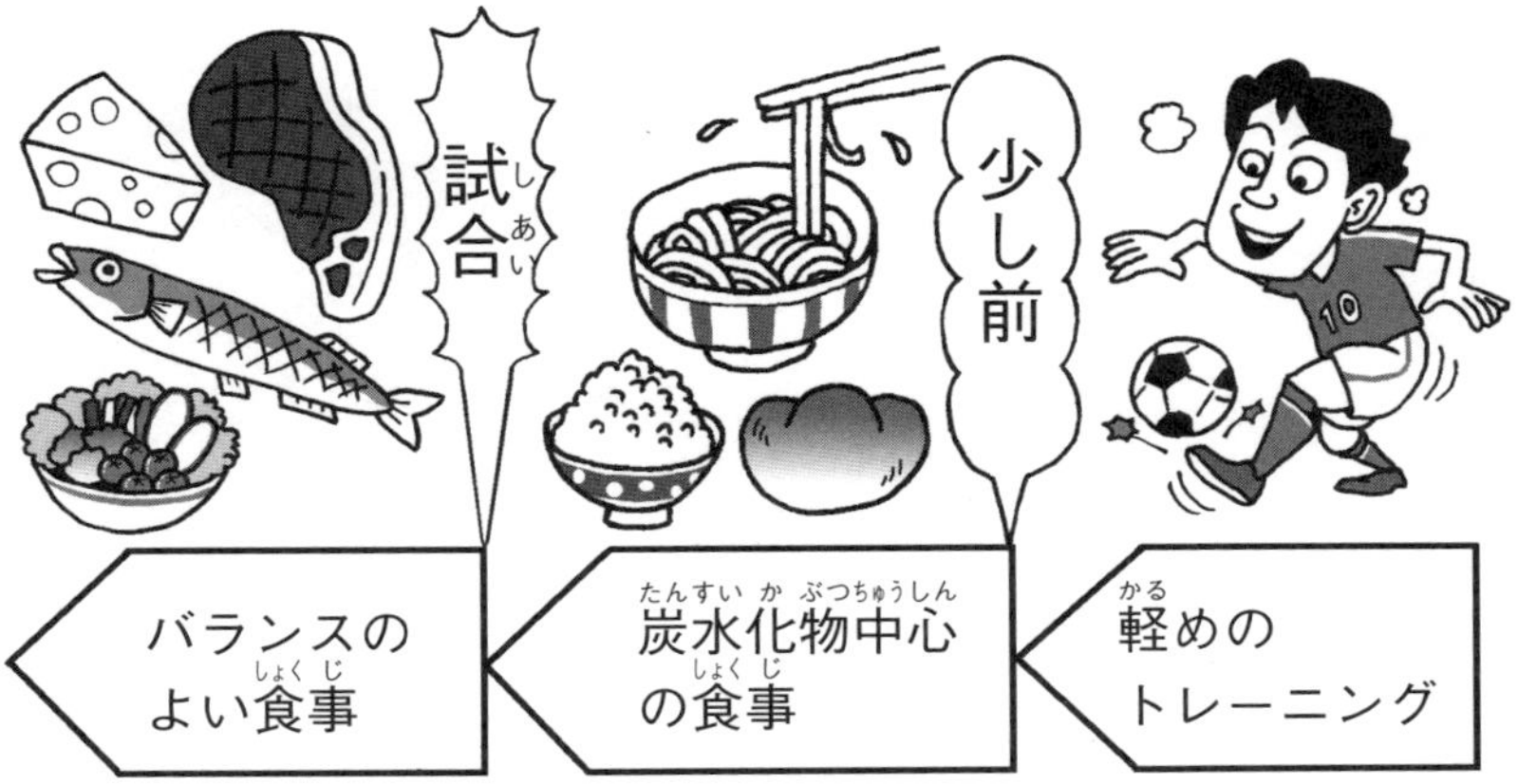

グリコーゲンローディングのしくみ

サッカーボールのもようは、どうやって決《き》めるの？

サッカーボールのもようには、二通りの意味《いみ》があります。一つは、色を使《つか》って、ボールの表面《ひょうめん》にえがかれたもようです。このもようは、スポーツ用《よう》品《ひん》をつくる会社が、それぞれデザインを考えて決《き》めています。

もう一つは、革《かわ》の張《は》りあわせが作りだすもようの意味《いみ》です。ここでは、こちらのもようについて、くわしくしょうかいしましょう。

サッカーボールの絵がらではなく、表面《ひょうめん》の革《かわ》の張《は》りあわせを見てください。

正六角形の革《かわ》が二十枚《まい》と、それより小さい正五角形の革《かわ》十二枚《まい》が張《は》りあわされていませんか。

この、亀《かめ》の甲《こう》らもようのような「亀甲形《きっこうがた》ボール」は、日本のモルテンという会社《かいしゃ》によって、一九六〇年代《ねんだい》に開発《かいはつ》されたものです。

当時、サッカーボールは、今のバレーボールと同じで、十八枚《まい》の長方形の革《かわ》を張《は》りあわせていました。モルテンでは、何かこれに代《か》わる新しいボールを開発《かいはつ》しようと考えました。そのとき、正五角形と正六角形の組みあわせで球《きゅう》がつくれることを知り、試行錯誤《しこうさくご》の末《すえ》に完成《かんせい》させたのが、今でも多くの人が使《つか》っている亀甲形《きっこうがた》ボールなのです。

一九六六年に亀甲形《きっこうがた》サッカーボールを発売《はつばい》するときに、モルテンは色も新しくしようと考えました。それまでのサッカーボールの多くは茶色でしたが、

当時の日本は土のグラウンドが多く、茶色ではボールが見えにくくなってしまいます。また、テレビ放送《ほうそう》では、はっきりしたもようが目立ちます。そこで、六角形が白、五角形が黒の白黒もようにしました。

白黒亀甲形《しろくろきっこうがた》ボールは、たちまち世界中《せかいじゅう》で大人気になり、一九七〇年のワールドカップ・メキシコ大会で、初代公式試合球《しょだいこうしきしあいきゅう》に採用《さいよう》されました。それからずっと、モルテンはワールドカップ公式試合球《こうしきしあいきゅう》の開発《かいはつ》を担当《たんとう》しています。

ワールドカップの公式試合球《こうしきしあいきゅう》の歴史《れきし》を見てみると、絵がらは変《か》わっても、亀甲形《きっこうがた》の張《は》りあわせは、ずっと変《か》わりませんでした。

革《かわ》の張《は》りあわせ方を変《か》えた画期的《かっきてき》なボール、「チームガイスト」が登場《とうじょう》したのは二〇〇六年のドイツ大会でした。それは、より真《ま》ん丸《まる》に近くするために、形のちがう大小二種類《しゅるい》十四枚《まい》のプロペラ状《じょう》の革《かわ》を組みあわせたもので、ボールが真《ま》ん丸《まる》に近いので、選手《せんしゅ》の技術《ぎじゅつ》がそのままボールに伝《つた》わり、より正《せい》確《かく》なキックができるようになりました。

二〇一〇年の南《みなみ》アフリカ大会の公式球《こうしききゅう》「ジャブラニ」は、さらに完全《かんぜん》な球《きゅう》に近づけるため、八枚《まい》の革《かわ》で作られました。無回転《むかいてん》でシュートすると、向《む》かう先が予測《よそく》しにくい「ぶれ球《だま》」になるのが特《とく》ちょうでした。また二〇一四年のブラジル大会では、同じ十字形六枚《まい》の革《かわ》で作られた「ブラズーカ」が、二〇一八年のロシア大会では、やはり六枚《まい》の革《かわ》で作る「テルスター18」が登場《とうじょう》しました。

三十二枚《まい》（亀甲形《きっこうがた》）→十四枚《まい》（チームガイスト）→八枚《まい》（ジャブラニ）→六枚《まい》（ブラズーカ・テルスター18）と、ワールドカップで使《つか》われる公式球《こうしききゅう》は、革《かわ》の数を減《へ》らす方向《ほうこう》に進化《しんか》しているようです。

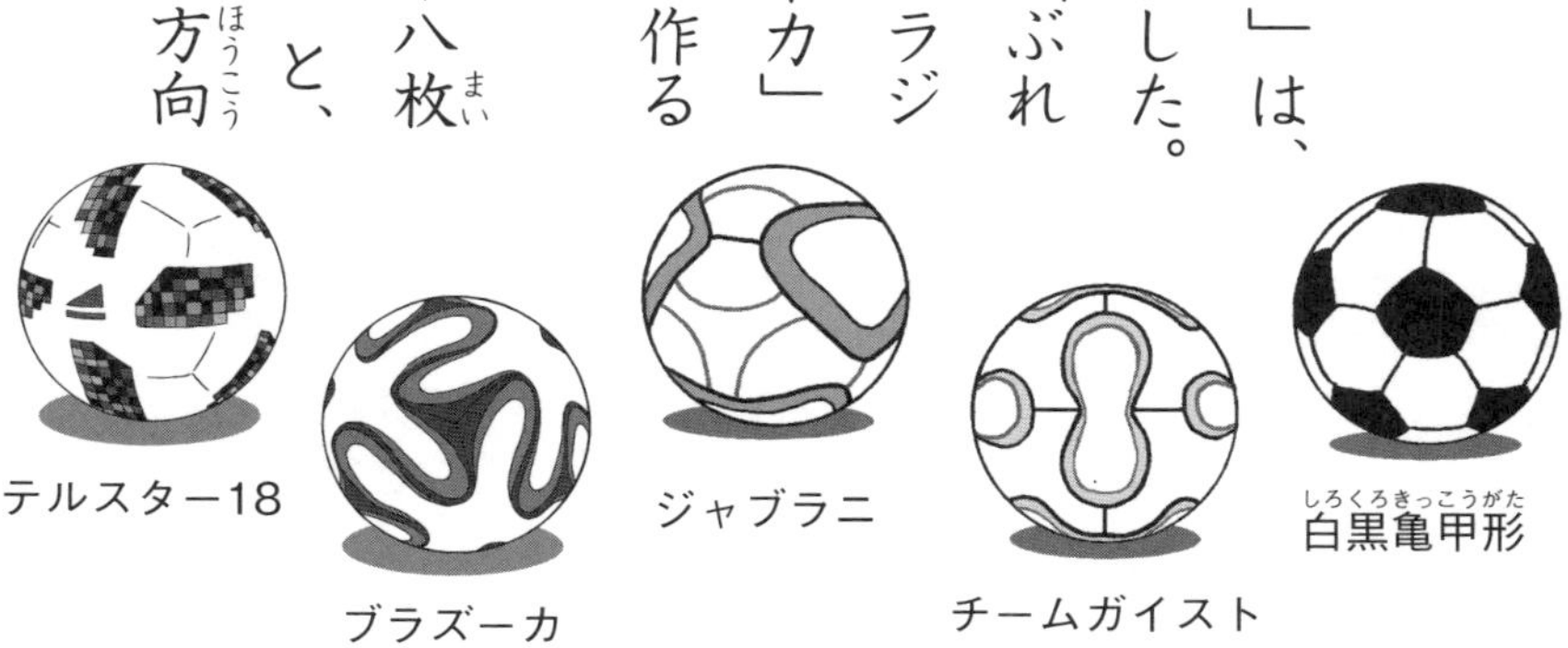

球技《きゅうぎ》の中で、ボールのスピードが最《もっと》も速《はや》いのは？

どんな球技《きゅうぎ》でも、レベルが上がるほど、ボールのスピードも上がります。選手《せんしゅ》はそのスピードに対応《たいおう》するためのトレーニングをし、身体能力《しんたいのうりょく》や技術《ぎじゅつ》を高めていきます。だからこそ、トップレベルの選手《せんしゅ》やチーム同士《どうし》が戦《たたか》う球技《きゅうぎ》の試合《しあい》は、見応《みごた》えがあります。

その球技《きゅうぎ》の中で、最高速度《さいこうそくど》が出たのは、バドミントンです。バドミントンはボールではなく、半球《はんきゅう》に羽根《はね》のついたシャトルを使《つか》いますが、球技《きゅうぎ》に分類《ぶんるい》されています。

二〇一三年、日本のヨネックスという会社が行った速度《そくど》テストで、マレーシアのタン・ブンホン選手《せんしゅ》が記録《きろく》した、時速《じそく》四百九十三キロメートルを出しました。これは、ギネスブック記録《きろく》として認定《にんてい》されています。

しかし、この速度《そくど》は、スマッシュが放《はな》たれた直後の「初速《しょそく》」です。バドミントンのシャトルには羽根《はね》がついているので、相手《あいて》にとどくときには、かなり減速《げんそく》してしまいます。

そこで、相手選手《あいてせんしゅ》が感《かん》じる「体感速度《たいかんそくど》」で比《くら》べてみて、卓球《たっきゅう》を「地上最速《ちじょうさいそく》の球技《きゅうぎ》」だとする説《せつ》があります。

男子卓球《たっきゅう》のトップレベルの選手《せんしゅ》のスマッシュは、時速《じそく》百十〜百二十キロメートルほどですが、コートがせまいうえに、バドミントンに比《くら》べるとボールがあまり減速《げんそく》しないので、相手《あいて》に到達《とうたつ》するまで〇・二秒《びょう》もかかりません。

これは、バドミントンやテニス以上《いじょう》の体感速度《たいかんそくど》になるのです。

ほかの球技《きゅうぎ》の、ボールの速度《そくど》も見ていきましょう。すべて初速《しょそく》で、男子のトップレベルの選手《せんしゅ》の数字です。

テニスのサーブの最速記録《さいそくきろく》は、二〇一二年にサミュエル・グロス（オーストラリア）が出した時速《じそく》二百六十三キロメートルです。

サッカーでは、イギリス代表《だいひょう》のデビッド・ハースト選手《せんしゅ》が出した時速《じそく》百八十三キロメートルが、試合中《しあいちゅう》の記録《きろく》としては最高《さいこう》だといわれています。

野球《やきゅう》のピッチャーの投球《とうきゅう》の最速記録《さいそくきろく》は、二〇一〇年に、メジャーリーグのアロルディス・チャップマンが出した時速《じそく》百六十九キロメートル。

いっぽう、メジャーリーグのバッターの打球《だきゅう》は、カメラやレーダーを使用《しよう》して、速度《そくど》や飛距離《ひきょり》などを分析《ぶんせき》するシステムが導入《どうにゅう》されました。これ以降《いこう》の最高速度《さいこうそくど》は、二〇一八年にジャンカルロ・スタントンが出した百九十六キロメートルです。

日本人ピッチャーの投球《とうきゅう》の最速記録《さいそくきろく》は、二〇一六年に日本ハムファイターズ（当時《とうじ》）の大谷翔平選手《おおたにしょうへいせんしゅ》が出した時速《じそく》百六十五キロメートルです。

ゴルフのドライバーショットは、最速《さいそく》で時速《じそく》三百五十キロメートル近くで打《う》つ人もいます。

※スピードの記録《きろく》は、2019年10月1日現在《げんざい》。

すもうで勝《か》って、賞金《しょうきん》をもらうときの手のしぐさは、どんな意味《いみ》があるの？

すもうの始《はじ》まりは、スポーツではなく、神様《かみさま》に農作物《のうさくぶつ》の豊作《ほうさく》をいのる行事《ぎょうじ》でした。そのため、大ずもうの力士《りきし》が見せるしぐさには、一つひとつに意味《いみ》があります。

取組《とりくみ》で勝《か》った力士《りきし》は、行司《ぎょうじ》から勝《か》ち名乗《なの》りを受《う》け、軍配《ぐんばい》にのせられた懸賞《けんしょう》金《きん》を受《う》けとります。

このときに、手のひらを立て、左、右、真《ま》ん中《なか》と動《うご》かすしぐさをします。

これは「手刀《てがたな》を切る」といい、勝負《しょうぶ》の三神《さんしん》（神産《かみむ》巣日神《すびのかみ》、高御産巣日神《たかみむすびのかみ》、天御中主神《あめのみなかぬしのかみ》）に、勝《か》ったことへの感謝《かんしゃ》をささげるしぐさなのです。「手刀《てがたな》で切る」ではないので、何かを切るという意味《いみ》はありません。

では、これ以外《いがい》のすもうのしぐさについても、見ていきましょう。

まず、力士《りきし》は土俵《どひょう》に上がると、一礼《れい》をし、足を左右交互《こうご》に大きく上げて「四股《しこ》」をふみます。準備運動《じゅんびうんどう》としても大切なこの動作《どうさ》には、「土の中にいる魔物《まもの》をふみつぶす」という意味《いみ》があります。

四股《しこ》をふんだあとには、前の取組《とりくみ》で勝《か》った力士《りきし》から、ひしゃくで水をもらい、口をすすぎ、紙で口やからだをぬぐいます。水でからだを清《きよ》めるためで、この一連《いちれん》のしぐさを「力水《ちからみず》をつける」といいます。

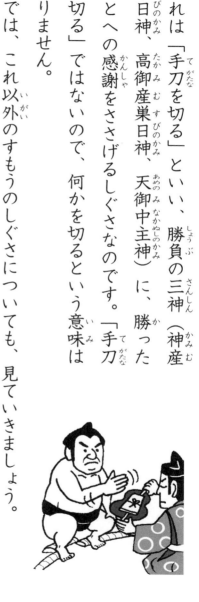

力水《ちからみず》をつけた力士《りきし》は、こしを下ろして相手《あいて》と向《む》かいあい、手のひらをすりあわせてから手を打《う》ちます。さらに、両《りょう》うでを左右に広げて、手のひらを下向《む》きに返《かえ》します。この一連《いちれん》のしぐさを「塵《ちり》を切る」といいます。

手のひらをすりあわせるのは、大昔《おおむかし》、水のない野外で、すもうを取《と》るときに、むしった草をもんで手を清《きよ》めたことからきています。

両手《りょうて》を広げて手のひらを見せるのは、何も武器《ぶき》を持《も》っていないことを示《しめ》すため。手のひらを返《かえ》すのは、たとえ勝負《しょうぶ》で命《いのち》を落《お》としても、うらみを残《のこ》さないという決意《けつい》を表《あらわ》しています。

取組前《とりくみまえ》に塩《しお》をまくのは、力士自身《りきしじしん》と土俵《どひょう》のよごれやけがれをはらい、清《きよ》めるためです。一日に約《やく》四十~五十キログラムもの塩《しお》がまかれます。

バタフライという泳《およ》ぎ方《かた》は、どうして生まれたの？

競《きょう》技《ぎ》水泳《すいえい》には、自由形《じゆうがた》、平泳《ひらおよ》ぎ、背泳《せおよ》ぎ、バタフライの四つの基本的《きほんてき》な泳《およ》ぎ方《かた》があります。このうち、バタフライは歴史《れきし》が浅《あさ》い、新しい泳《およ》ぎ方《かた》です。「バタフライ」とは、英語《えいご》でチョウのことです。水を後方《こうほう》へとかきおわったあと、両《りょう》うでを同時《どうじ》に水の上に出して前方《ぜんぽう》に運《はこ》ぶ姿《すがた》が、チョウの飛《と》び方《かた》に似《に》ていることからその名前がつきました。

足は、両足《りょうあし》をそろえた、イルカのようなドルフィンキックで進《すす》みます。バタフライは、ほかの泳《およ》ぎ方《かた》とはちがう独特《どくとく》なものです。

このバタフライは、平泳《ひらおよ》ぎから発展《はってん》した泳法《えいほう》です。始《はじ》まりは今から八十年ほど前。当時《とうじ》も平泳《ひらおよ》ぎは、今と同じカエルのような泳《およ》ぎ方《かた》でした。しかし、ドイツのラーデマッヒェルという選手《せんしゅ》は、かきおわったうでを水の上に出して前に運《はこ》ぶほうが速《はや》く泳《およ》げるのではないかと考えました。平泳《ひらおよ》ぎの決《き》まりはただ、「うつぶせで、手足を左右対称《たいしょう》に動《うご》かすこと」となっているだけで、ルール違反《いはん》ではなかったのです。

一九二八年のオランダ・アムステルダムオリンピックで、ラーデマッヒェルは、現在《げんざい》のバタフライと似《に》たうでの運《はこ》びで好成績《こうせいせき》を収《おさ》めました。

そして一九三三年には、アメリカのマイヤーズ選手《せんしゅ》が「バタフライ式平泳《しきひらおよ》ぎ」を確立《かくりつ》し、現在《げんざい》のバタフライの基礎《きそ》をつくりました。しかし、そのときのバタフライは、足の動《うご》きはまだ平泳《ひらおよ》ぎのまま。短距離《たんきょり》では速《はや》く泳《およ》げるものの、上体に大きな筋力《きんりょく》が必要《ひつよう》なため、長距離《ちょうきょり》の水泳《すいえい》には向《む》きませんでした。

そのころ、アメリカのジーグという選手《せんしゅ》が、上体はバタフライ、足はドルフィンキックという泳法《えいほう》を編《あ》みだしましたが、当時《とうじ》は平泳《ひらおよ》ぎとしては許《ゆる》されませんでした。

それからおよそ二十年を経《へ》て、一九五三年に国際《こくさい》水泳連盟《すいえいれんめい》が新種目《しんしゅもく》としてバタフライをみとめました。そこではじめて、クロール、背泳《せおよ》ぎ、平泳《ひらおよ》ぎに次《つ》ぐ第《だい》四の泳《およ》ぎ方《かた》が正式《せいしき》に誕生《たんじょう》したのです。

現在《げんざい》、バタフライの泳《およ》ぎ方《かた》は、ひとかきにつきドルフィンキック二回が主流《しゅりゅう》です。これがバタフライに最適《さいてき》であることを見いだし、世界《せかい》に広めたのは、日本の長沢二郎選手《ながさわじろうせんしゅ》でした。

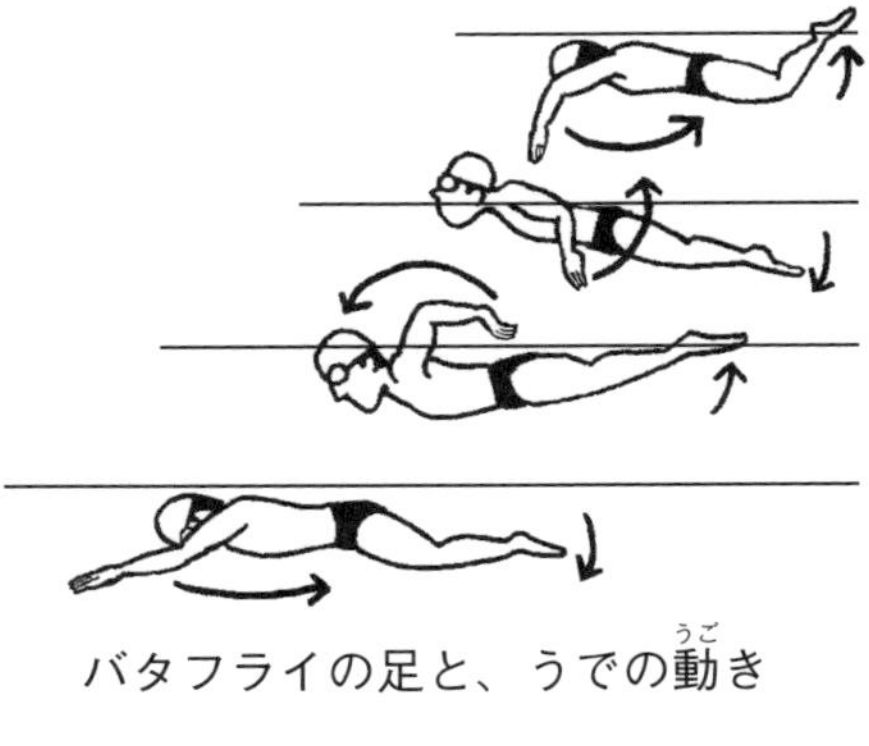

バタフライの足と、うでの動《うご》き

オリンピックで一位《い》の選手《せんしゅ》が金メダルをもらえるようになったのは、いつから？

オリンピックで金メダルをもらえるようになったのは、一九〇〇年にフランスのパリで開《ひら》かれた、第《だい》二回大会からです。一八九六年にギリシャのアテネで開《ひら》かれた第《だい》一回大会では、一位《い》になった選手《せんしゅ》には銀《ぎん》メダル、二位《い》の選手《せんしゅ》には銅《どう》メダルがあたえられ、三位《い》の選手《せんしゅ》には賞状《しょうじょう》だけで、メダルはあたえられませんでした。

メダルの絵がらは、第《だい》八回大会までは大会ごとにちがっていましたが、第《だい》九回のオランダ・アムステルダム大会から絵がらが決《き》められました。

表《おもて》の面《めん》は、ギリシャ神話《しんわ》の「勝利《しょうり》の女神《めがみ》」と古《こ》代《だい》の競技場《きょうぎじょう》「コロシアム」。うらの面《めん》は、かんむりをつけた優勝者《ゆうしょうしゃ》が祝福《しゅくふく》されている絵がらと決《き》められたのです。表《おもて》の絵がらは現在《げんざい》もそのまま。うらの絵がらは、一九七二年の西ドイツ（当時）・ミュンヘン大会から、開催国《かいさいこく》が考えて決《き》めることになりました。

オリンピックの表彰式《ひょうしょうしき》で、メダリストの首に、メダルがかけられるシーンは感動的《かんどうてき》ですね。しかし、メダルを首から下げるつくりになったのは、

2020年東京オリンピックのメダル

〈表《おもて》〉　〈うら〉

※「2020年東京大会」は、新型《しんがた》コロナウイルス流行のため、2021年に延期《えんき》して行われました。

一九六〇年のローマ大会からです。それまではただ丸いメダルだけでしたが、へりに輪《わ》をつけて、ひもをつけるようにしたのです。

金メダルは百パーセント金《きん》でできているのかというと、そうではありません。国際《こくさい》オリンピック委員会《いいんかい》の定《さだ》めによると、金メダルと銀《ぎん》メダルには、どちらも銀《ぎん》が九十二・五パーセントふくまれていなければなりません。つまり、この二つのメダルは、ほぼ銀《ぎん》でできているのです。金メダルは、銀《ぎん》の土台に六グラム以上《いじょう》の純金《じゅんきん》をかぶせるか、メッキをして作られています。また、メダルの大きさは、直径《ちょっけい》七十ミリ以上《いじょう》、厚《あつ》さ三ミリ以上《いじょう》と決《き》められています。

日本人初《はつ》の金メダリストは、一九二八年のオランダ・アムステルダム大会で、陸上《りくじょう》の三段《だん》とびで優勝《ゆうしょう》した織田幹雄《おだみきお》選手《せんしゅ》。記録《きろく》は、十五メートル二十一センチメートルでした。

一九六四年に初《はじ》めて日本で東京《とうきょう》オリンピックが開《ひら》かれたとき、オリンピック旗《き》をかかげる国立競技場《こくりつきょうぎじょう》のポールの高さを、日本人初《はつ》の金メダルを記念《きねん》して、織田選手《おだせんしゅ》の記録《きろく》と同じ、十五メートル二十一センチメートルにしました。

金メダル第《だい》一号《ごう》は、織田選手《おだせんしゅ》にゆずりましたが、アムステルダム大会では、水泳《すいえい》二百メートル平泳《ひらおよ》ぎの鶴田義行選手《つるたよしゆきせんしゅ》も、六日おくれで金メダルをかく得《とく》しています。

鶴田選手《つるたせんしゅ》は、続《つづ》く一九三二年のアメリカ・ロサンゼルス大会でも同じ種目《しゅもく》で優勝《ゆうしょう》し、日本人初《はつ》のオリンピック連覇《れんぱ》を成《な》しとげています。

金メダル感動物語《かんどうものがたり》 災害《さいがい》とけがを乗《の》りこえて

冬季《とうき》オリンピック二連覇《れんぱ》 フィギュアスケート 羽生結弦選手《はにゅうゆづるせんしゅ》

二〇一一年三月十一日。東日本をはげしい地震《じしん》がおそいました。十六歳《さい》の少年は、仙台市《せんだいし》のスケートリンクで練習中《れんしゅうちゅう》でした。とつぜん、氷《こおり》がゆれ、あちこちでドアがガンガンガンと開《ひら》き、かべがドカン！と横《よこ》にずれました。少年は練習仲間《れんしゅうなかま》と四つんばいになって建物《たてもの》の外ににげました。きょうふで目からなみだがあふれました。はいていたスケートぐつのはがボロボロになりました。マグニチュード九・〇。国内で観測史上最大《かんそくしじょうさいだい》の地震《じしん》でした。まちでは電柱《でんちゅう》がたおれ、水道管《すいどうかん》から水があふれました。少年は、ふぶきのなか、むかえに来た母や姉といっしょにひなん所《じょ》に入りました。ひなん所《じょ》には大勢《おおぜい》の人がいましたが、電気も暖《だん》ぼうもありません。暗《くら》く寒《さむ》いなか、三人は一枚《まい》の毛布《もうふ》にくるまって夜を明かしました。

少年の名は羽生結弦《はにゅうゆづる》さん、フィギュアスケートの選手《せんしゅ》です。

四歳《さい》でスケートを始《はじ》め、「ロシアのプルシェンコ選手《せんしゅ》のようになりたい」と毎日練習《れんしゅう》してきました。十五歳《さい》のときに、日本の中学生男子で初《はじ》めて世界《せかい》ジュニアチャンピオンになりました。高校一年生でシニアの大会にデビュー。オリンピックを目指《めざ》していました。二〇一一年二月の四大陸選手権《たいりくせんしゅけん》では四回転《かいてん》ジャンプを決《き》め、みごと二位《い》にかがやきました。そのわずか三週間後に、大地震《おおじしん》は起《お》こったのです。

次《つぎ》の日、とどいた新聞などで、ゆれのあとにおしよせた大津波《おおつなみ》により、たいへんな災害《さいがい》だと知りました。福島県《ふくしまけん》の原子力発電所《げんしりょくはつでんしょ》も、大きな被害《ひがい》を受《う》けました。

羽生選手《はにゅうせんしゅ》は、あまりのできごとに、ひなん所《じょ》の天井《てんじょう》をながめながらなやみました。

「もう、スケートなんてやってる場合じゃない。」

「なんてスケート人生だろう。千年に一度《いちど》の災害《さいがい》でリンクがこわれるなんて。」

「スケートをやめて、ふつうの高校生にもどりたい……。」

神戸《こうべ》のアイスショーに出演《しゅつえん》が決《き》まったのは、それからしばらくしてからでした。

試合《しあい》ではなく、震災復興《しんさいふっこう》のためのチャリティーショーです。一九九五年に阪神《はんしん》・淡《あわ》路大震災《じだいしんさい》で大きな被害《ひがい》を受《う》けた神戸《こうべ》のお客《きゃく》さんの前で、なみだをこらえながらけん命《めい》にすべり終《お》わると、お客《きゃく》さんはみんな立ちあがってはく手をしています。あたたかい大きなはく手を浴《あ》びて、羽生選手《はにゅうせんしゅ》は「スケートを続《つづ》けよう！」そう思いました。

それから約《やく》半年の間、羽生選手《はにゅうせんしゅ》は全国《ぜんこく》のアイスショーに約《やく》六十公演《こうえん》も出演《しゅつえん》しました。ショーに出る世界《せかい》レベルの選手《せんしゅ》から技《わざ》やこつを教えてもらい、ショーでは四回《かい》転《てん》ジャンプなど、むずかしい技《わざ》にいどみました。練習場《れんしゅうじょう》を失《うしな》った羽生選手《はにゅうせんしゅ》は、全国《ぜんこく》を転《てん》てんとしながら力をつけていったのです。

苦《くる》しい十六歳《さい》を乗《の》りきり、羽生選手《はにゅうせんしゅ》は、二〇一二年の世界選手権《せかいせんしゅけん》で銅《どう》メダルをかく得《とく》。そして、二〇一三年十二月の全日本選手権《ぜんにほんせんしゅけん》で優勝《ゆうしょう》し、翌年《よくねん》二月のロシアのソチオリンピックに日本代表《だいひょう》として出場《しゅつじょう》することになりました。

いよいよ世界最高《せかいさいこう》のぶたいです。羽生選手《はにゅうせんしゅ》は自《じ》分《ぶん》にこういいきかせました。

「ぼくは、きん張《ちょう》しているほうがいい演技《えんぎ》ができる。なんとかなるさ。」

フィギュアスケートはジャンプやスピンなどの技《わざ》を組《く》みこんだショートプログラムとフリースケーティングの二回の合計点で、競《きそ》います。演技内容《えんぎないよう》や時間、流《なが》す曲《きょく》もショートとフリーとではちがう構成《こうせい》になり、演技《えんぎ》時間が長いフリーでは体力も求《もと》められます。

二〇一四年二月十三日、ソチオリンピックの男子シングルショートに出場した羽生選手《はにゅうせんしゅ》は、『パリの散歩道《さんぽみち》』という曲《きょく》に乗《の》ってすべてのジャンプを成功《せいこう》させました。スピンものびやかに、スピード感《かん》にあふれ、音楽のリズムともぴったりと合い、完《かん》ぺきな演技《えんぎ》。演技《えんぎ》が終《お》わって氷上《ひょうじょう》でお客《きゃく》さんに向《む》かってあいさつする羽生選手《はにゅうせんしゅ》は、満面《まんめん》の笑顔《えがお》でした。得点《とくてん》も史上最高《しじょうさいこう》で、もちろん一位《い》です。

そして、翌《よく》十四日のフリーの演技《えんぎ》。『ロミオとジュリエット』の曲《きょく》に乗《の》ってすべりはじめた羽生選手《はにゅうせんしゅ》は、からだが重《おも》くキレがありません。重要《じゅうよう》なジャンプでも失敗《しっぱい》してしまいました。しかし、最後《さいご》まで集中力《しゅうちゅうりょく》を欠《か》かさず長い演技《えんぎ》をすべりきりました。

得点《とくてん》はあまりのびませんでした。この時点でまだ一位《い》でしたが、このあと、強い選手《せんしゅ》がすべるため、羽生選手《はにゅうせんしゅ》は金メダルをあきらめていました。

ところが、あとの選手《せんしゅ》がまさかのミス連続《れんぞく》で、羽生選手《はにゅうせんしゅ》の一位《い》はくずれませんでした。金メダルが決《き》まった直後、記者《きしゃ》に囲《かこ》まれていた羽生選手《はにゅうせんしゅ》はおどろいて「オーマイガー（なんてことだ）！」と何度《なんど》もくりかえしました。オリンピックという世《せ》界最高《かいさいこう》の試合《しあい》で、ミスに動《どう》じることなく最後《さいご》まで冷静《れいせい》にがんばった羽生選手《はにゅうせんしゅ》に、勝《しょう》利《り》の女神《めがみ》はほほえんだのでした。フィギュアスケート男子では、日本人初《はつ》の金メダル。十九歳《さい》の若《わか》き王者《おうじゃ》が生まれたしゅん間でした。そして、このときも羽生選手《はにゅうせんしゅ》の心の中には、優勝《ゆうしょう》の喜《よろこ》びとともに、東北《とうほく》の人たちのことがありました。

「東北《とうほく》の方がた、日本で応援《おうえん》してくださった人たちに、たくさん勇気《ゆうき》をもらいました。決《けっ》して一人じゃないということを忘《わす》れないようにしたいです。」

それから四年後の二〇一八年は、韓国《かんこく》の平昌《ピョンチャン》オリンピックの年です。もし、ソチ、平昌《ピョンチャン》と二回連続《かいれんぞく》で金メダルをとれば、フィギュアスケート男子で六十六年ぶりの快《かい》挙《きょ》となります。前回王者《おうじゃ》としては、絶対《ぜったい》に負《ま》けるわけにはいきません。

ところが、オリンピックが百日後にせまった二〇一七年十一月、羽生選手《はにゅうせんしゅ》はNH《エヌエイチ》K杯《ケイはい》前日《ぜんじつ》の練習《れんしゅう》で右足首にけがをしてしまいました。「じん帯《たい》」という組織《そしき》をいため、松葉《まつば》づえが必要《ひつよう》なほどの重傷《じゅうしょう》で、オリンピック前のすべての試合《しあい》を欠場《けつじょう》しなければなりませんでした。

金メダルどころか出場もむずかしいのでは。多くの人が心配《しんぱい》するなか、ついにオリンピックが開《かい》幕《まく》。平昌《ピョンチャン》にやってきた羽生選手《はにゅうせんしゅ》は、取材《しゅざい》で金メダルについてたずねられると、力強く答えました。

「金《きん》メダルをとります！」

二月十六日、まずショートで次《つぎ》つぎとジャンプを完《かん》ぺきに決《き》め、堂《どう》どうとした演技《えんぎ》で一位《い》に。強い羽生選手《はにゅうせんしゅ》が、もどってきたのです。

翌《よく》十七日のフリーの曲《きょく》は『SEIMEI《せいめい》』。国際《こくさい》大会ではなじみにくい和風《わふう》の音楽ですが、羽生選手《はにゅうせんしゅ》のリズミカルな演技《えんぎ》に客席《きゃくせき》からは手拍子《てびょうし》が起《お》こりました。フリーでは一部《いちぶ》のジャンプでバランスをくずしたものの、総合得点《そうごうとくてん》で一位《い》となり、みごとオリンピック二連覇《れんぱ》を果《は》たしたのです。

おどろくべき事実《じじつ》が明らかにされたのは、このあとでした。

羽生選手《はにゅうせんしゅ》の足はたいへんな重傷《じゅうしょう》で、ふつうならば安静《あんせい》にしていなければならない

状態《じょうたい》でした。けがのあとまったく練習《れんしゅう》ができず、ようやく氷《こおり》の上に立てたのはオリンピックの一か月前でした。でも、とべたのは一回転《かいてん》ジャンプだけ。三週間前《しゅうかんまえ》にやっと三回転《かいてん》。四回転《かいてん》がとべたのはわずか二週間前《しゅうかんまえ》でした。

　それでも羽生選手《はにゅうせんしゅ》は、薬《くすり》でいたみを止め、足首にテーピングをして出場《しゅつじょう》しました。右足首に激痛《げきつう》が走りましたが、それを観客《かんきゃく》に感《かん》じさせず、世界最高《せかいさいこう》の演技《えんぎ》を見せました。そして、オリンピック二連覇《れんぱ》を世界中《せかいじゅう》のファンにプレゼントしたのです。

「がんばってくれた右足に感謝《かんしゃ》です。けがで練《れん》習《しゅう》ができないぼくをサポートしてくださったみなさん、これまで羽生結弦《はにゅうゆづる》を、応援《おうえん》し育《そだ》ててくださったみなさんにほんとうに感謝《かんしゃ》します。」

　王者《おうじゃ》になった羽生選手《はにゅうせんしゅ》は、記者《きしゃ》会見でたくさんの感謝《かんしゃ》をのべました。ひなん所《じょ》の天井《てんじょう》をながめ、「もうスケートをやめようか」となやんだ大《だい》震災《しんさい》から、七年がたとうとしていました。

文・増澤曜子　絵・北村公司　知ってびっくり！マーク・森 佳世

生《い》き物《もの》・自《し》然《ぜん》の、なぜ? どうして?

文・澤口たまみ

絵・なかさこかずひこ!

イヌとネコは、仲《なか》が悪《わる》いって、ほんとう？

イヌとネコをいっしょに飼《か》っていると、たいていは、知らんぷりをしています。ただ、どちらかが近づきすぎると、けんかになることがあります。

そもそも、イヌとネコは、ちがう種類《しゅるい》の動物《どうぶつ》です。人に飼《か》われて、小さいころからいっしょにくらしていれば別《べつ》ですが、自然界《しぜんかい》では、ちがう種類《しゅるい》の動《どう》物《ぶつ》が仲《なか》よくすることは、あまりありません。

しかも、イヌとネコは、どちらも肉食動物《にくしょくどうぶつ》です。ほかの動物《どうぶつ》をつかまえて食べるとき、同じえものをねらうライバルは、少ないほうがいいですね。だからイヌとネコには、おたがいをさける性質《せいしつ》があるのです。

同じ肉食動物《にくしょくどうぶつ》でも、イヌとネコには、ちがうところがたくさんあります。

まず、狩《か》りの方法《ほうほう》がちがいます。ネコは一ぴきで、えものを待《ま》ちぶせたり、気づかれないようにそっと近づいたりしたあと、一気にとびかかって、つかまえます。それに対《たい》してイヌは、今では狩《か》りをすることは少ないですが、オオカミのなかまなのでなんびきかで群《む》れをつくり、みんなで走りまわって、にげるえものを追《お》いか

イヌの狩《か》り

ネコの狩《か》り

けて、つかまえます。

そのような狩《か》りの方法《ほうほう》にふさわしく、ネコのつめは、出したり引っこめたりすることができます。えものに近づくときは、足音を立てないようにつめを引っこめておき、いざ、とびかかるときになって、するどいつめを出すのです。しかし、イヌは、つめを出したまま地面《じめん》を引っかいて速《はや》く走ります。

また、イヌは、飼《か》い主《ぬし》の人間も、群《む》れの一員《いん》だと考えています。子イヌのうちにきちんとしつけをして、人間がリーダーなのだと教えてやらないと、自分が一番えらいとかんちがいをして、飼《か》い主《ぬし》の命令《めいれい》を聞《き》かなくなってしまう場合があります。

飼《か》い主《ぬし》がリーダーであることを、しっかりと理解《りかい》したイヌは、とてもよく命令《めいれい》を守《まも》り、さまざまな役割《やくわり》をこなします。番犬はもちろん、盲導犬《もうどうけん》や救助《きゅうじょ》犬《けん》のほか、最近《さいきん》では、からだの不自由《ふじゆう》な人の代《か》わりに身《み》の回《まわ》りの仕事《しごと》をする、介助犬《かいじょけん》なども活やくをしていますね。

いっぽう、一ぴきで行動《こうどう》するネコは、飼《か》い主《ぬし》たちを群《む》れだとは考えていません。ですから、飼《か》い主《ぬし》の命令《めいれい》を聞きません。人のいいつけを、まったく理解《りかい》していないわけではないのですが、もともと命令《めいれい》を聞く気がないのです。

そんなネコですが、かつては農家《のうか》で、作物《さくもつ》を食べてしまうネズミをつかまえるという、重要《じゅうよう》な役割《やくわり》を持《も》っていました。最近《さいきん》は、交通事故《こうつうじこ》や伝染病《でんせんびょう》などの心配《しんぱい》から、ネコを家の中だけで飼《か》う人が増《ふ》えています。今では、イヌもネコも人の心をいやす役割《やくわり》をになうことがあります。

人の心をいやすネコ

人のために働《はたら》く盲導犬《もうどうけん》

ジャイアントパンダは、今、世界中《せかいじゅう》で何頭くらいいるの？

野生のパンダは、中国《ちゅうごく》の標高《ひょうこう》一二〇〇〜四一〇〇メートルという山おくにすんでいて、森林の伐採《ばっさい》などの環境《かんきょう》の悪化《あっか》から、ほろびるおそれのある動物《どうぶつ》（絶滅危惧種《ぜつめつきぐしゅ》）の一つにあげられています。

中国《ちゅうごく》には自然保護区《しぜんほごく》が、二〇一五年現在《げんざい》で六十七か所《しょ》設《もう》けられ、野生のパンダを守《まも》る活動《かつどう》が行われていますが、保護区《ほごく》のまわりでは木の伐採《ばっさい》により森が失《うしな》われ、それぞれの保護区《ほごく》が、島《しま》のようにはなれてしまっていることが、大きな問題《もんだい》になっています。

動物《どうぶつ》が生きていくには、広い地域《ちいき》を自由《じゆう》に移動《いどう》できることが大切です。特《とく》に、パンダが食べるタケやササは、あたり一帯《いったい》が、何年かに一度《いちど》、いっせいにかれるという現象《げんしょう》を起《お》こします。

そのため、ある保護区《ほごく》でタケやササがかれても、パンダがほかの保護区《ほごく》に移動《いどう》して食べられるよう、保護区《ほごく》と保護区《ほごく》の間を、わたりろうかのようにタケなどを植《う》えて緑《みどり》で結《むす》ぶ（これをコリドーといいます）という地道な取《と》り組《く》みが行われています。

中国《ちゅうごく》では、一九七五年ごろから、およそ十年に一度《いちど》、これまで四度《ど》にわ

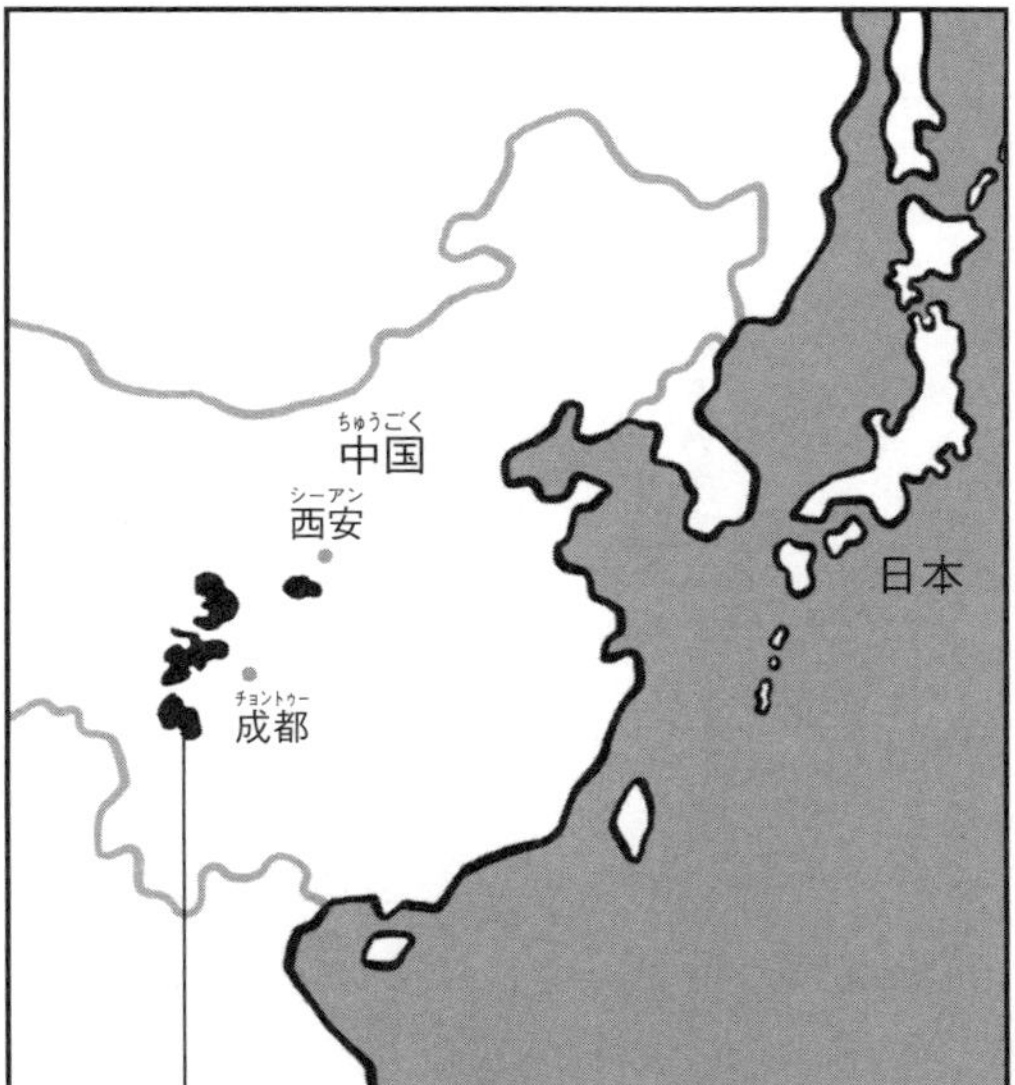

ジャイアントパンダの生息域《せいそくいき》

たって、野生のパンダの頭数を調《しら》べてきました。二〇〇三年には、中国全体《ちゅうごくぜんたい》におよそ一六〇〇頭の野生のパンダがいるという結果《けっか》でしたが、二〇一五年の発表《はっぴょう》では、一八六四頭まで野生のパンダが増《ふ》えていることがわかりました。

野生動物《やせいどうぶつ》の頭数を、人の目で見て数えるのは、とてもむずかしい作業《さぎょう》です。動物《どうぶつ》は移動《いどう》しますし、人間の気配《けはい》を感《かん》じればかくれてしまいます。

そこで最近《さいきん》の中国《ちゅうごく》でのパンダの調査《ちょうさ》では、森に落《お》ちているふんの量《りょう》から頭数を推測《すいそく》する方法《ほうほう》をとりはじめました。さらに最新《さいしん》の調査《ちょうさ》では、集《あつ》めたふんから、パンダの性別《せいべつ》や年齢《ねんれい》などを調《しら》べ、頭数をより正確《せいかく》に数えることができるようになっています。

また、このときの発表《はっぴょう》では、野生のパンダの生息《せいそく》するエリアが前回に比《くら》べておよそ十二パーセント増《ふ》えていることも明らかになりました。

まだ絶滅《ぜつめつ》の危険《きけん》がなくなったわけではありませんが、パンダの絶滅《ぜつめつ》が心配《しんぱい》される度《ど》合《あ》いが以前《いぜん》よりも改善《かいぜん》されてきているのです。このようにして、コリドーづくりなどの保護活動《ほごかつどう》の取《と》り組みが少しずつ実《み》を結《むす》んできていると考えられます。

　中国以外《ちゅうごくいがい》の国で飼育《しいく》されているパンダは、約《やく》七十頭います。日本には、和《わ》歌山県《かやまけん》のアドベンチャーワールドに六頭、東京都《とうきょうと》の上野動物園《うえのどうぶつえん》に三頭、兵庫《ひょうご》県《けん》の王子動物園《おうじどうぶつえん》に一頭います。

※頭数などの情報《じょうほう》は2019年10月1日現在《げんざい》のもの。

マグロは、泳《およ》いでいないと死《し》んでしまうって、ほんとう？

ほんとうです。その理由《りゆう》は、マグロの呼吸方法《こきゅうほうほう》が、ふつうの魚とは、ちがっているためです。

魚は、水中にとけている酸素《さんそ》を、頭のつけ根《ね》にあるえらを通して体内に取《と》りこみ、呼吸《こきゅう》をしています。えらを通る水は、口から入れてえらぶたから出すのですが、その水流《すいりゅう》はふつう、口とえらぶたを、代《か》わる代《が》わる開《あ》けしめすることによって、起《お》こしています。口とえらぶたを、ポンプのように使《つか》っているというわけです。

それに対《たい》してマグロは、口もえらぶたも開《あ》けたまま、勢《いきお》いよく泳《およ》ぐことで、口の中に入ってきた水を、えらへと送《おく》っています。そんなマグロのえらぶたはかたく、簡単《かんたん》には動《うご》かせません。そのため、泳《およ》ぐのをやめると呼《こ》吸《きゅう》も止まり、生きていくことができません。ねているときも、スピードを落《お》としてからだを休めていますが、泳《およ》ぎつづけています。

マグロは、魚の中でも特《とく》に泳《およ》ぎが速《はや》いほうだといわれています。

マグロが、速《はや》く泳《およ》ぐ理由《りゆう》は、えさにするた

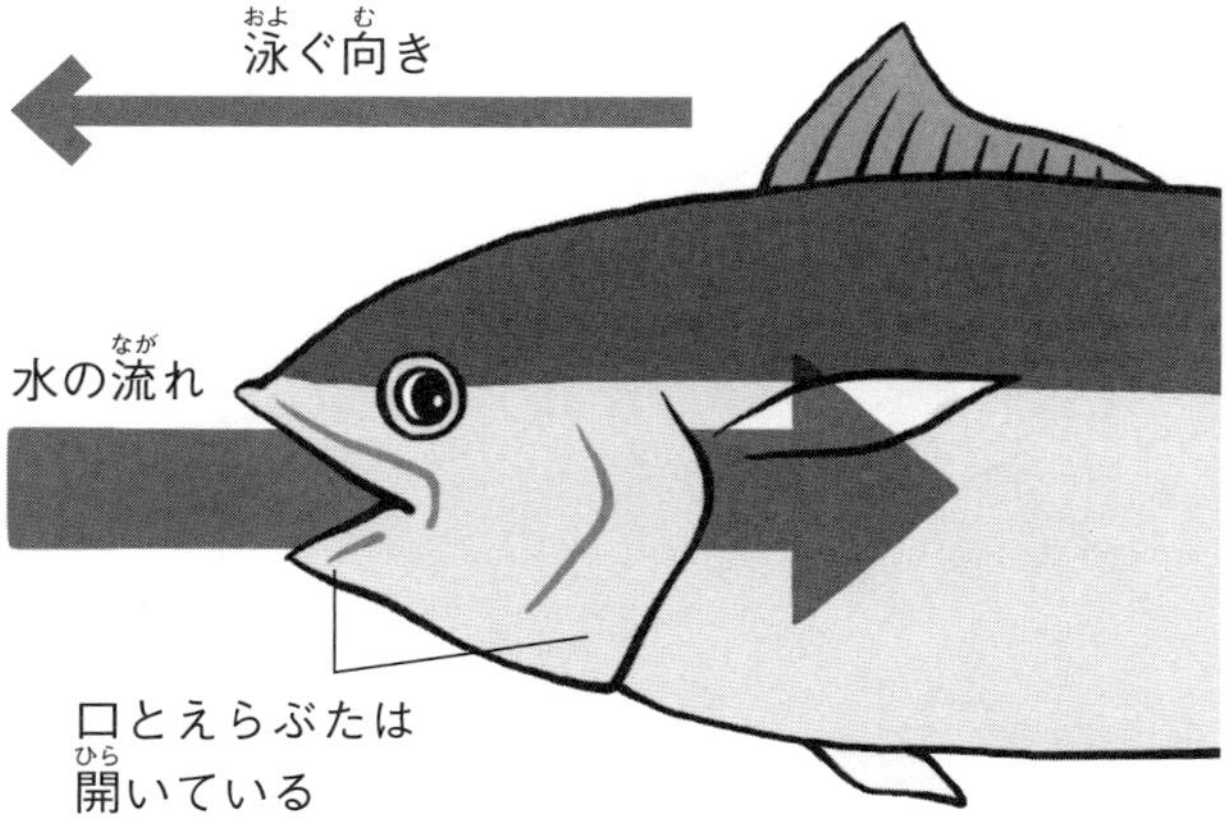
泳《およ》ぐ向《む》き
水の流《なが》れ
口とえらぶたは開《ひら》いている

めの魚を見つけ、つかまえるためだと考えられています。マグロは、広い海を泳《およ》ぎまわる回遊魚《かいゆうぎょ》ですが、陸地《りくち》からはなれた外洋《がいよう》では、陸地《りくち》に近い海に比《くら》べて、魚があまりいません。そこでマグロは、少ない魚をさがすためや、見つけた魚を確《かく》実《じつ》につかまえるために、速《はや》く泳《およ》ぐのです。

そのためマグロのからだは、「紡錘形《ぼうすいけい》」という、水の中を進《すす》むのに最《もっと》も適《てき》した形をしています。からだには、胸《むね》びれや腹《はら》びれをおさめるためのみぞもあり、水のていこうを受《う》けずに、尾《お》びれの力だけで

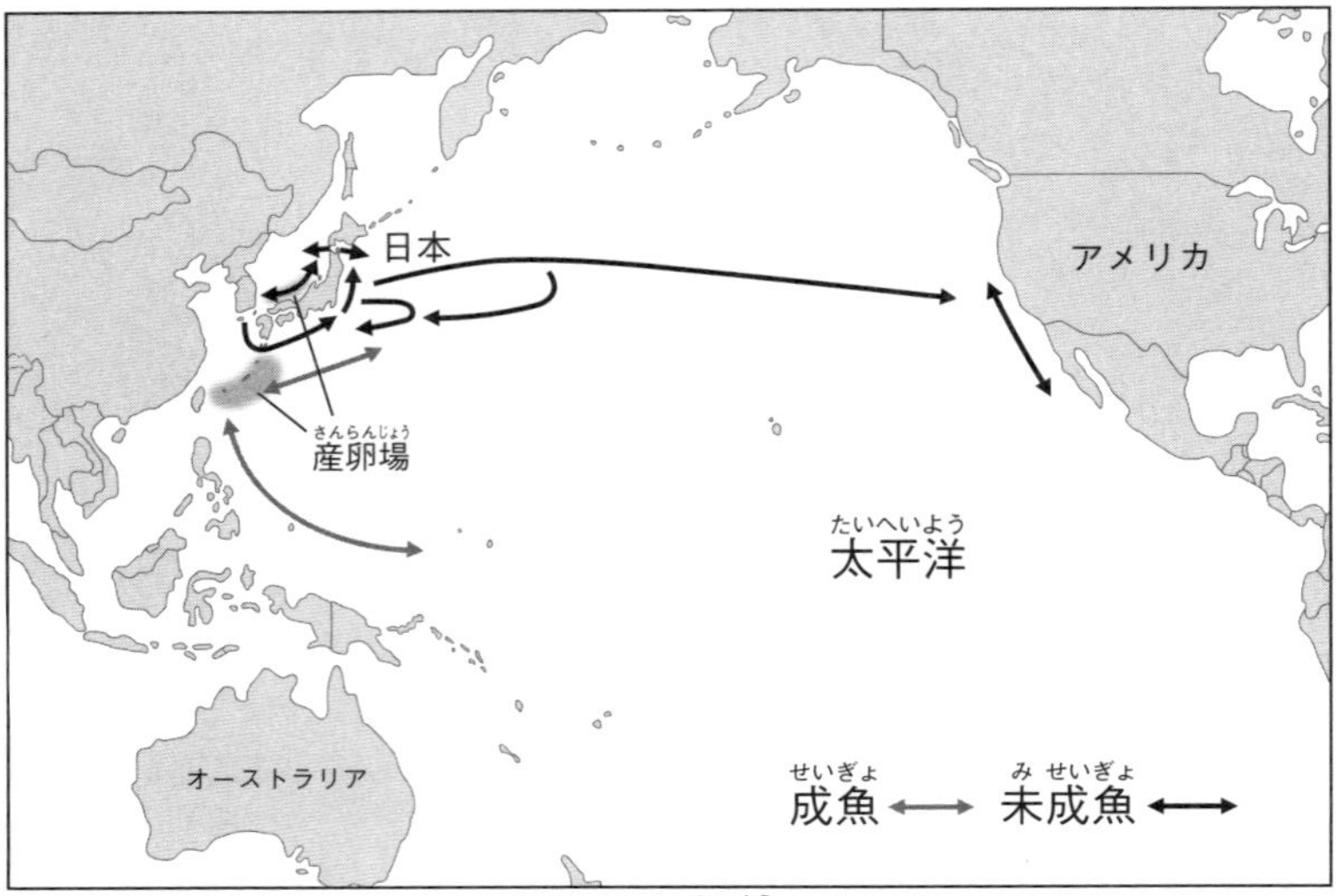

クロマグロの回遊《かいゆう》ルート

前に進《すす》むことができます。

また、魚には肉《にく》の白いものと赤いものがいますが、マグロは赤い筋肉《きんにく》を持《も》つ赤身《あかみ》の魚です。白い筋肉《きんにく》は短《みじか》い距離《きょり》をしゅん間的《てき》に泳《およ》ぐのに適《てき》し、赤い筋《きん》肉《にく》は長い距離《きょり》を長い時間泳《およ》ぐのに適《てき》しています。長い距離《きょり》を泳《およ》ぐためには、酸素《さんそ》をたくさん必要《ひつよう》とします。口を開《あ》けたまま泳《およ》ぐというマグロの呼吸方法《こきゅうほうほう》は、酸素《さんそ》をたっぷりとからだに取《と》りこむのに適《てき》しているのです。

マグロは、日本では、たくさん食べられています。けれどもとりすぎると、マグロがいなくなるおそれがあることから、たまごから育《そだ》てる完全養《かんぜんよう》しょくも行われています。和歌山県東牟婁郡串本町《わかやまけんひがしむろぐんくしもとちょう》の近畿《きんき》大学水産研究所《すいさんけんきゅうじょ》では一九七〇年から研究《けんきゅう》が始《はじ》まり、二〇〇二年、クロマグロの完全養《かんぜんよう》しょくにようやく成功《せいこう》しました。今では九州《きゅうしゅう》や沖縄《おきなわ》などでも行われています。

「鳥目」というけれど、鳥は、夜になると目が見えなくなるの？

人間は、ビタミンA《エー》という栄養《えいよう》が足りなくなると、暗《くら》いところで目が見えにくくなることがあります。これを、「鳥目」といいます。ニワトリなどの鳥は夜になると目が見えなくなると信《しん》じられていたので、ついた名前です。ところが実際《じっさい》には、ニワトリの目も、暗《くら》くても少しは見えているようです。たいていの鳥は、夜になると活動《かつどう》しなくなるところから、目が見えていないと考えられたのでしょう。

ただし鳥の中にも、フクロウやヨタカ、ゴイサギなど、夜に活動《かつどう》するものがいます。そのような鳥たちは、夜でもよく見える目を持《も》っています。例《たと》えばフクロウは、夜の森で小さなネズミを見つけてつかまえます。また、遠い外国から日本にわたってくる小鳥たちも、タカなどにおそわれる危険《きけん》をさけるために、夜に飛《と》ぶことが知られています。

それでは、目は、どのようなしくみになっているのでしょう。

目のおくのほうには「網膜《もうまく》」という、色や明るさを感《かん》じるまくがあります。いっぽう、

夜に活動《かつどう》する鳥　　昼に活動《かつどう》する鳥

目の前のほうには、「水晶体《すいしょうたい》」というレンズがあります。網膜《もうまく》は、レンズを通して入ってきた光をうつしだす、スクリーンのようなものです。

網膜《もうまく》には、明るさを感《かん》じる点と、色を感《かん》じる点が、ならんでいます。この点が、それぞれどれくらいあるかによって、目の見え方が変《か》わってくるのです。

夜でもよく見える鳥の目は、明るさを感《かん》じる点が多いので、少ない光でも、えものを見つけることができるのです。

反対《はんたい》に、色を感《かん》じる点が多く、明るさ

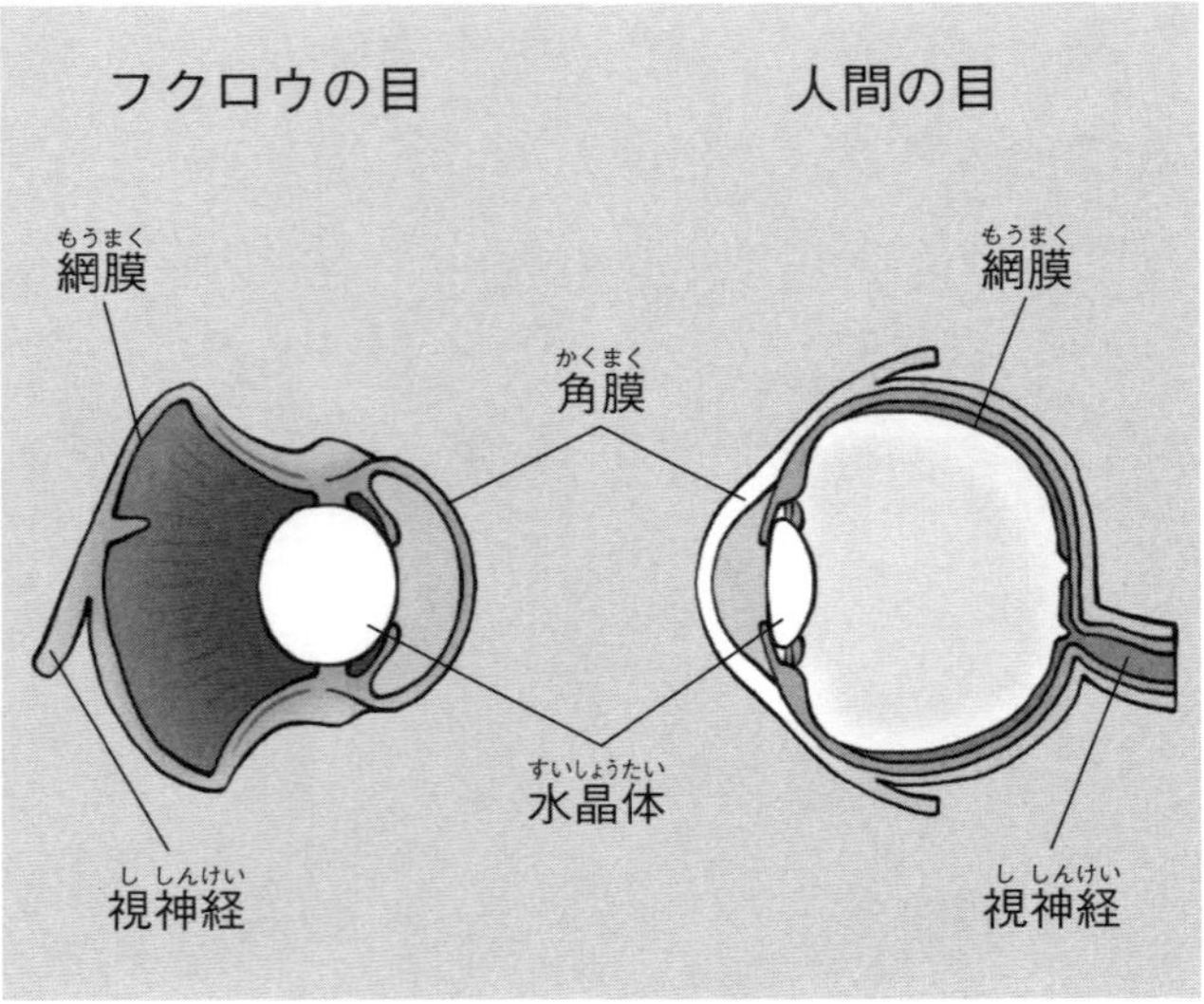

フクロウの目
人間の目
網膜《もうまく》
網膜《もうまく》
角膜《かくまく》
水晶体《すいしょうたい》
視神経《ししんけい》
視神経《ししんけい》

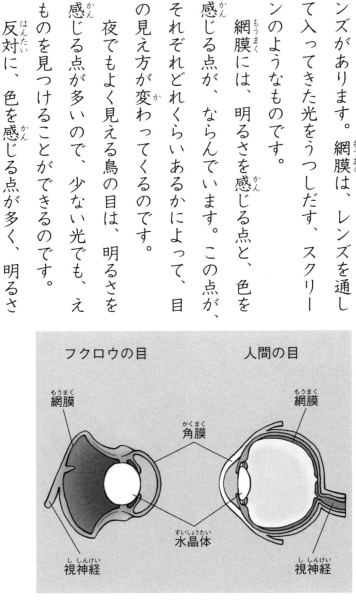

を感《かん》じる点が少なければ、色は見分けられますが、暗《くら》いところでは、あまりよく見えません。昼に活動《かつどう》する鳥や人間の目は、こちらになります。

しかし、わたしたちも明かりを消《け》してしばらくすると、目が慣《な》れて、うっすらと物《もの》が見えるようになります。あたりが暗《くら》くなったことによって、明るさを感《かん》じる点が、働《はたら》くようになるためです。ビタミンA《エー》は、明るさを感《かん》じる点が、よく働《はたら》くために必要《ひつよう》な栄養《えいよう》です。

また、色を感《かん》じる点には種類《しゅるい》があり、それぞれ感《かん》じる色が決《き》まっています。人間は、赤、緑《みどり》、青の三色を感《かん》じる点を持《も》っています。ところが鳥は、赤、緑《みどり》、青のほかに、わたしたちの目には見えない「紫外線《しがいせん》」という光を、色として感《かん》じとっていることがわかってきました。

鳥たちが見ている世界《せかい》と、わたしたちが見ている世界《せかい》は、ちがうのですね。

カンガルーは、どうして赤ちゃんをおなかのふくろで育《そだ》てるの？

カンガルーは、オーストラリアや、その周辺《しゅうへん》の島《しま》じまにすむ「有袋類《ゆうたいるい》」という動物《どうぶつ》のなかまです。有袋類《ゆうたいるい》には、中におっぱいのあるポケットのようなふくろを持《も》っているのが特《とく》ちょうです。

有袋類《ゆうたいるい》には、ふくろで子育《こそだ》てをすることにつながる、大きな特《とく》ちょうがあります。それは、お母さんのからだの中の「子宮《しきゅう》」というところにあります。子宮《しきゅう》は、生まれる前の赤ちゃんを育《そだ》てるところです。人間やイヌやネコなどの「ほにゅう類《るい》」の場合には、子宮《しきゅう》には「胎盤《たいばん》」というものができるのですが、カンガルーなどの有袋類《ゆうたいるい》には、胎盤《たいばん》ができないのです。

人間のお母さんのからだの中にいる、生まれる前の赤ちゃんを「胎児《たいじ》」といいます。胎盤《たいばん》は、お母さんと胎児《たいじ》を結《むす》ぶ役割《やくわり》をしています。胎児《たいじ》が大きくなるための栄養《えいよう》は、胎盤《たいばん》からつながる「へその緒《お》」という管《くだ》を通って、胎児《たいじ》のからだに運《はこ》ばれます。

胎盤《たいばん》があれば、胎児《たいじ》はお母さんから栄養《えいよう》をもらうことができるので、おなかの中で、

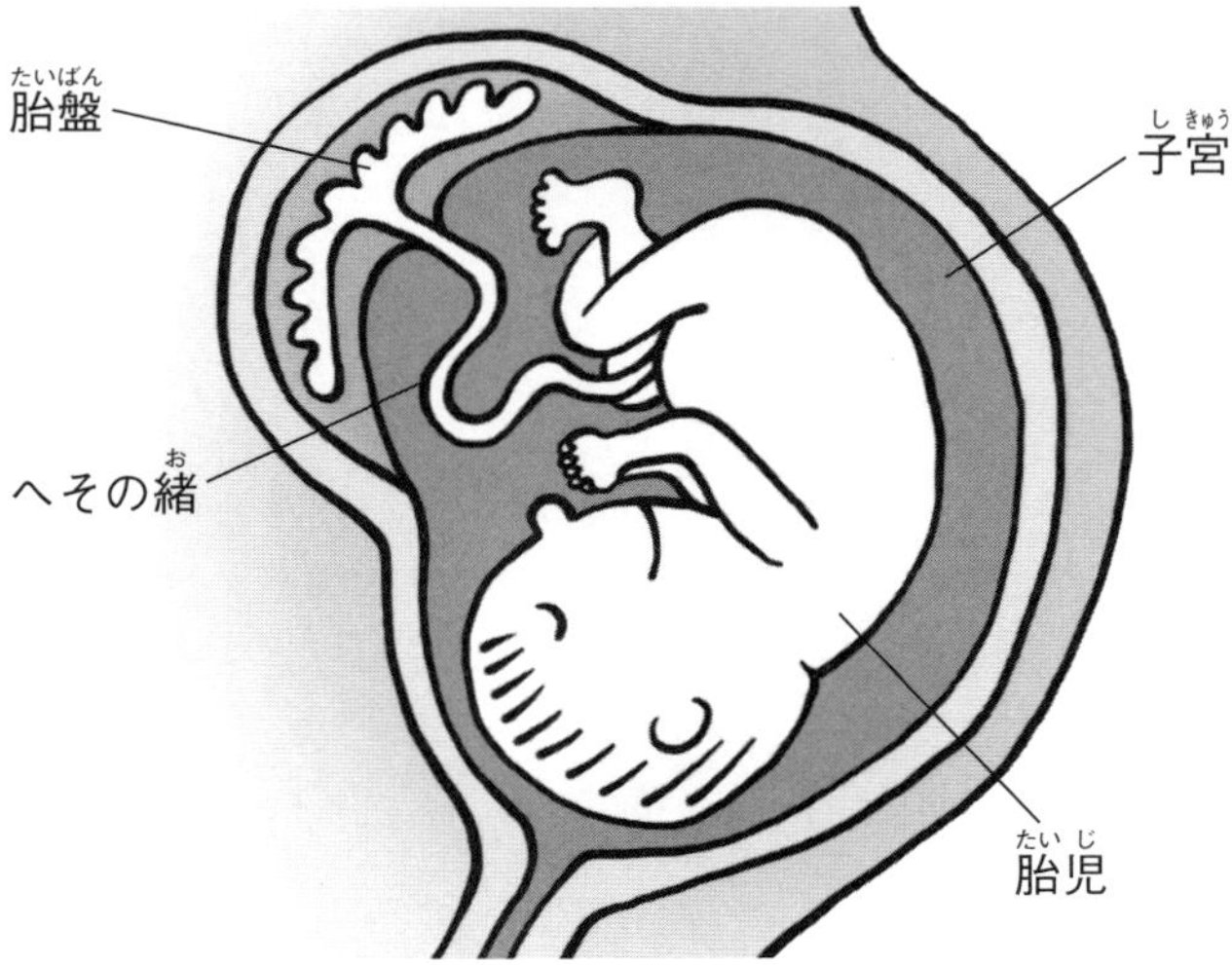

人間のお母さんのおなかの中にいる赤ちゃん

ゆっくりと育《そだ》つことができます。なお、人間は、約《やく》九か月かけて生まれてきます。この期間《きかん》は、からだの大きな動物《どうぶつ》ほど長く、ゾウは約《やく》二十一か月、二年近くもかかります。いっぽう、イヌやネコでは約《やく》二か月、ウサギは約《やく》一か月、からだの小さなハツカネズミは、わずか十九日で赤ちゃんが生まれます。

ところが、カンガルーの子宮《しきゅう》には胎盤《たいばん》ができないため、胎児《たいじ》はお母さんのおなかの中で、ゆっくりと育《そだ》つわけにはゆきません。からだの大きさが人間《にんげん》ほどもあるカンガルーですが、赤ちゃんは、だいたい一か月で生まれてきます。大きさも一〜二センチと小さく、胎盤《たいばん》のある動物《どうぶつ》の赤ちゃんに比《くら》べると、じゅうぶんに育《そだ》っていません。

そこで有袋類《ゆうたいるい》には、生まれてきた赤ちゃんを、大きくなるまで育《そだ》てるためのふくろができました。生まれたばかりのカンガルーの赤ちゃんは、ふくろの中にあるお母さんのおっぱいまで、はっていって、すいつきます。カンガルーのおっぱいは細長く、赤ちゃんの口のおくまで入るので、すいつくと、落《お》ちる心《しん》配《ぱい》はありません。

ふくろは、入り口がのびちぢみして、赤ちゃんが落《お》ちにくいようになっています。

また赤ちゃんは、ふくろの中でふんやおしっこもしますが、お母さんが、きれいになめてそうじをしてくれます。

カンガルーの赤ちゃんは、そうして八か月ほどをお母さんのふくろの中で過《す》ごして大きくなります。

生まれたばかりのカンガルーの赤ちゃんは、自力《じりき》でお母さんのふくろまで、はっていく。

津波《つなみ》は、どのように起《お》こるの？

津波《つなみ》とは、海底地震《かいていじしん》などによって起《お》こる大きな波《なみ》のことです。「津《つ》」は、古い言葉《ことば》で港《みなと》という意味《いみ》で、津波《つなみ》には、港《みなと》をおそう波《なみ》という意味《いみ》があります。地球《ちきゅう》の表面《ひょうめん》は、プレートという巨大《きょだい》な岩ばんにおおわれています。いくつかのプレートがぶつかりあうような場所《ばしょ》で、一つのプレートに、もう一つのプレートがもぐりこんでいる場合には、上にあるプレートが、もぐりこむプレートに常《つね》に引っぱられています。引っぱられて、少ししずみこんでいたプ

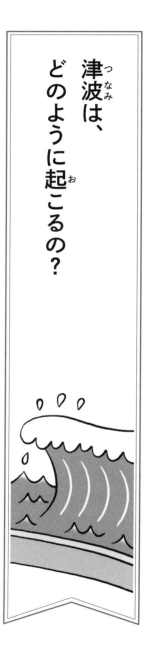

レートが、もとにもどろうとしてずれると、それが大きな地震《じしん》になります。

そのとき、しずんでいた海底《かいてい》が、急《きゅう》に高くなりますから、その上にあった海水も、大きな力で上におしあげられます。海面《かいめん》が上下に動《うご》くと、それによって大きな波《なみ》が起《お》こり、陸地《りくち》におしよせます。それが、津波《つなみ》です。プレートが大きくはねあがると、津波《つなみ》も大きくなります。

津波《つなみ》には、海が深《ふか》いほど速《はや》く進《すす》み、浅《あさ》くなるにつれておそくなるという性質《せいしつ》があります。水深《すいしん》五千メートルの地点では、津波《つなみ》

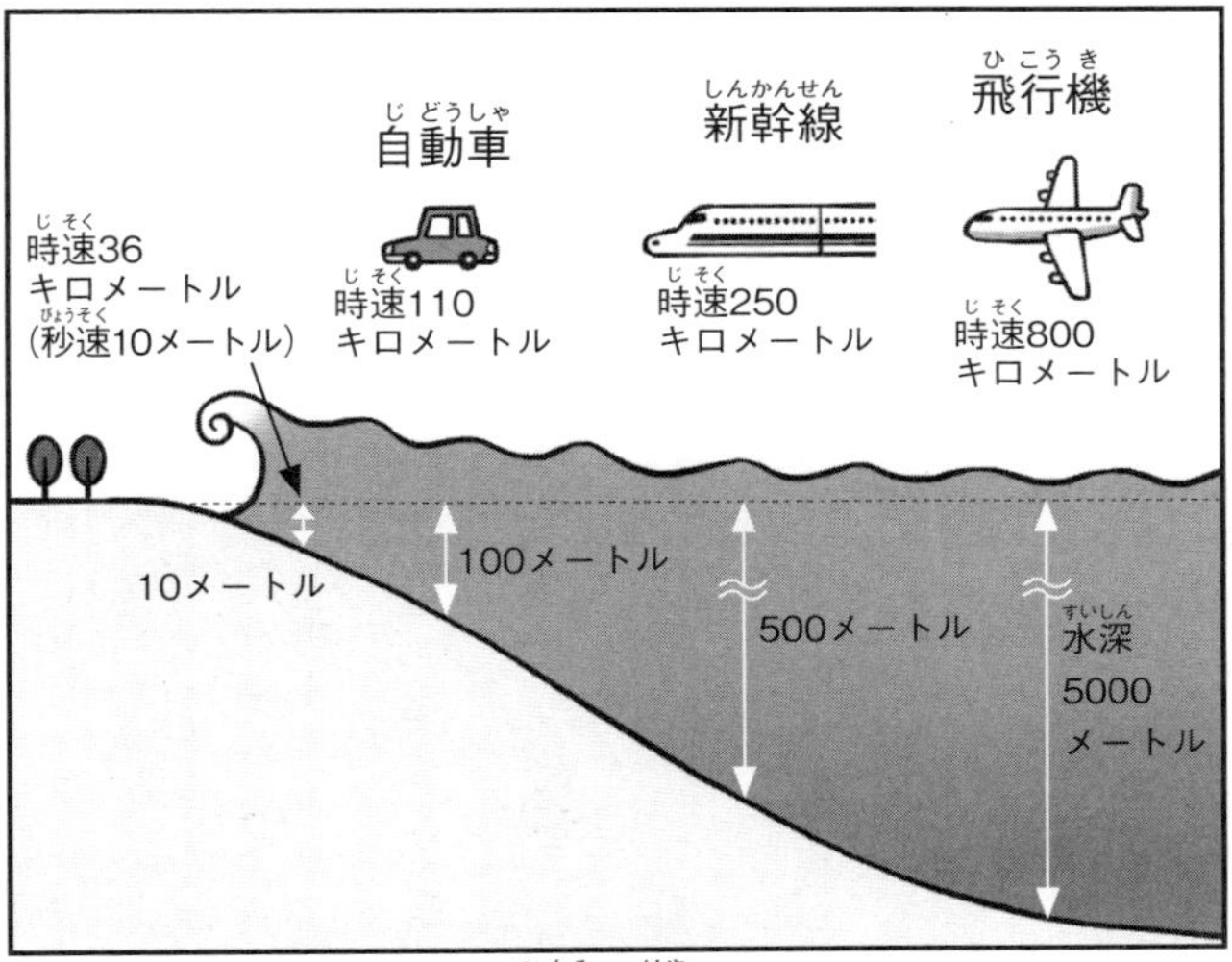
自動車《じどうしゃ》
新幹線《しんかんせん》
飛行機《ひこうき》
時速《じそく》36
キロメートル
(秒速《びょうそく》10メートル)
時速《じそく》110
キロメートル
時速《じそく》250
キロメートル
時速《じそく》800
キロメートル
10メートル
100メートル
500メートル
水深《すいしん》
5000
メートル
津波《つなみ》の速《はや》さ

の進《すす》む速《はや》さは時速《じそく》八百キロメートルとなり、ジェット機《き》の飛《と》ぶ速《はや》さとほぼ同じです。水深《すいしん》五百メートルの地点では、時速《じそく》二百五十キロメートル、水深《すいしん》百メートルの浅《あさ》い海では時速《じそく》百十キロメートル、そして水深《すいしん》十メートルの地点では、時速《じそく》三十六キロメートルとなります。

このように津波《つなみ》は、陸《りく》に近づくほど進《すす》む速《はや》さがおそくなるため、後ろからきた次《つぎ》の波《なみ》が前の波《なみ》に追《お》いついてしまい、陸《りく》に近づくにつれて高さが増《ま》すという性質《せいしつ》があります。また、津波《つなみ》は海底《かいてい》や海岸《かいがん》の地形によっても変《か》わり、内陸《りく》に深《ふか》く入りこみ、おくにいくほどせまくなっている湾《わん》では、おしよせた津《つ》波《なみ》が集《あつ》められて、いっそう高くなります。

二〇一一年の三月十一日に起《お》こった東日本大震災《ひがしにほんだいしんさい》では、北海道《ほっかいどう》から沖縄《おきなわ》まで太平洋側《たいへいようがわ》の広い地域《ちいき》で津波《つなみ》が観測《かんそく》されました。特《とく》に岩手県《いわてけん》、宮城県《みやぎけん》、福島《ふくしま》県《けん》の海岸《かいがん》には、十数メートルという津波《つなみ》がおしよせました。

もっと！

知《し》りたいきみへ

「身近《みぢか》なぎもん」について、もっと知りたくなった人は、
おうちの方《かた》といっしょに以下《いか》のウェブサイトを見てみましょう。
さらに新しい発見《はっけん》があるかもしれません。

農林水産省《のうりんすいさんしょう》こどものためのコーナー　https://www.maff.go.jp/j/kids/

身近《みぢか》な作物《さくもつ》のクイズコーナーや、日本の食料《しょくりょう》について調《しら》べるときに役《やく》に立つ情報《じょうほう》がたくさんあります。

ＮＩＥ《エヌアイイー》こどもぺ～ジ　https://nie.jp/child/

新聞のいろいろなクイズにちょうせんしたり、新聞の利用《りよう》のしかたがわかったりします。

経済産業省《けいざいさんぎょうしょう》キッズページ　https://www.meti.go.jp/intro/kids/

「経済《けいざい》」「製造産業《せいぞうさんぎょう》」「リサイクル」など、産業《さんぎょう》をめぐる社会のことがわかります。

やきゅう基地《きち》　https://www.mizuno.jp/baseball/yakyu_kichi/

スポーツ用品《ようひん》のメーカー、ミズノのウェブサイトです。野球《やきゅう》の道具《どうぐ》の工場見学や、道具選《どうぐえら》びナビ、道具《どうぐ》のメンテナンスのアドバイスなど、野球《やきゅう》をやる人は必見《ひっけん》です。

ふしぎの図書室　https://www.panasonic.com/jp/corporate/sustainability/citizenship/pks/library.html

パナソニックの運営《うんえい》するウェブサイトです。身《み》の回りの不思議《ふしぎ》に答える図書室です。

UENO-PANDA.JP《うえのパンダ》　https://www.ueno-panda.jp/

上野動物園《うえのどうぶつえん》のパンダのウェブサイトです。パンダの知識《ちしき》から、上野動物園《うえのどうぶつえん》のパンダの動画《どうが》、飼育員《しいくいん》さんのパンダニュースまで、パンダ好《ず》きにはたまりません。

学研《がっけん》キッズネット　https://kids.gakken.co.jp/

学研《がっけん》の子ども向《む》けウェブサイト。さまざまな調《しら》べ物《もの》などに役立《やくだ》ちます。「よみとく10分」のコーナーもあります。ぜひ、のぞいてみてくださいね。

※この情報《じょうほう》は、2019年10月1日現在《げんざい》のものです。

おうちの方へ

総合監修／西東京市立けやき小学校副校長　三田 大樹

○○○

「このままではいけない。地域を変えるんだ。」

　地域のポイ捨てごみの実態を調べ、問題意識を高めた子どもたちが、早朝の清掃活動をスタートさせたのが五年生の秋。自分たちが清掃する姿を見せることで、ポイ捨てをする人の心にブレーキをかけたいというのが、彼らの願いでした。それから一年。その活動は、今なお、ゆるぎなく続けられています。

「なぜ、ぼくたちの地域には、ポイ捨てごみが多いのだろう」という小さなぎもんから始まった活動。彼らは、ぎもんに思ったこと、不思議に思ったことをそのままにせず、自分が納得するまで、突き進むエネルギーに満ちあふれていました。決して華やかではないごみ拾いの活動を、彼らには、純粋に楽しめるすごさがあったのです。

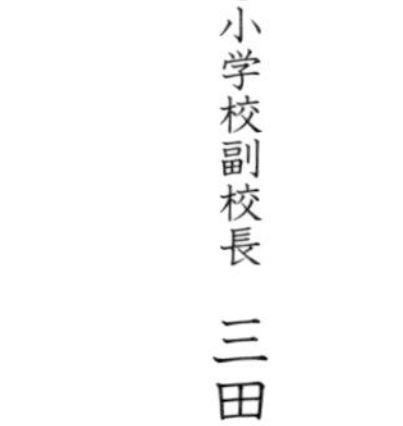

五年生は、社会的な問題への興味が広がり、社会や大人へと目を向けていく年ごろです。現実にそくした考えに立ち、ある程度、客観的なものの見方や考え方ができるようになってきます。最近、お子さんが生意気になってきたなと感じたり、お子さんの言葉に思わず、なるほどと説得力を感じたりするのは、こうした成長過程を歩んでいるからです。だからこそ、子どもの実社会や実生活からわき起こる「なぜだろう」という問いかけに、親も社会人としての考えを述べ、対話していかれることをおすすめします。こうした関わりは、お子さんの探究心を刺激し、ぎもんを解き明かそうとするエネルギーへと高めていきます。

本書に掲載されている「ぎもん」は、すべてこの年ごろのお子さんの興味・関心から生まれたものです。本書が、お子さんの実社会への興味・関心を持つきっかけづくりや、探究心を後押しするご家族の話題提供に活用されることを願っています。きっと、私たち親や教師の想像をこえる、豊かな学びがあると信じて……。

三田 大樹（みた　ひろき）

1971年生まれ。1995年より東京都杉並区、新宿区の小学校教員を勤める。2010年度、勤務する新宿区立大久保小学校において、地域社会に参画する態度を育てる教育指導により、東京新聞教育賞を受賞。小学校学習指導要領（平成29年告）解説「総合的な学習の時間編」専門的作業等協力者。R2評価規準・評価方法等の工夫改善等に関する調査研究協力者。「次世代の教育情報化推進事業（小学校プログラミング教育のため指導事例の創出等に関する調査研究）」協力者。日本生活科・総合的学習教育学会常任理事。

総合監修　西東京市立けやき小学校副校長　三田大樹

指導　医療法人社団たがみ小児科院長　田上尚道（からだ）　動物科学研究所所長　今泉忠明（生き物）
秀明大学教授　大山光晴（自然）

表紙絵　スタジオポノック／百瀬義行　© STUDIO PONOC

装丁・デザイン　株式会社マーグラ（香山大　鈴木智捺）

協力　アンケートに答えてくださったみなさん / 文化庁文化財部伝統文化課 / 鈴田滋人 / 東京証券取引所 / 茨田康裕 / 株式会社ビデオリサーチ / 社団法人日本インターネットプロバイダ協会 / 東日本高速道路株式会社東京湾アクアライン管理事務所 / 下関市観光交流部観光政策課 / 福島町産業課商工グループ / 東京都水道局 / 内閣府・沖縄総合事務局開発建設部 / SMK株式会社 / 変なホテル東京　銀座 / 日本スケート連盟 /AFLO（写真協力）

参考文献　『ウェブがわかる本』（岩波書店）/『インターネットで世界へ』（岩波書店）/『図録「日本相撲史」総覧』（新人物往来社）/『101個の金メダル―オリンピックにおけるニッポンの活躍―』（トランスフォーマー）/『どこからくる?けいたい電話の電波―調べるっておもしろい!』（アリス館）/『江戸のマスコミ「かわら版」』（光文社）/『日本新聞通史』（新泉社）/『世界最初のろう学校創設者ド・レペ』（明石書店）/『蒼い炎』（扶桑社）

＊疑問の内容によっては、諸説あるものがあります。この本では、そのうちお子さまに適切だと思われる説を採用、説明しております。
また、本文中の挿絵などで、記録が正確に残っていないものに関しては、理解しやすいように、独自に描き起こしている部分があります。
＊本書は、『なぜ？ どうして？ 身近なぎもん　5年生』（2011年刊）を増補改訂したものです。

よみとく10分

なぜ？ どうして？ 身近なぎもん　5年生

2011年12月13日　第1刷発行
2019年12月17日　増補改訂版第1刷発行
2025年1月24日　増補改訂版第6刷発行

発行人　川畑　勝
編集人　高尾俊太郎
企画編集　西田恭子　井上茜　矢部絵莉香
編集協力　勝家順子 / グループ・コロンブス
発行所　株式会社Gakken
〒141-8416　東京都品川区西五反田 2-11-8
印刷所　大日本印刷株式会社

この本に関する各種お問い合わせ先
• 本の内容については　下記サイトのお問い合わせフォームよりお願いします。
https://www.corp-gakken.co.jp/contact/
• 在庫については、Tel 03-6431-1197（販売部）
• 不良品（落丁、乱丁）については　Tel 0570-000577（学研業務センター）
〒354-0045 埼玉県入間郡三芳町上富 279-1
• 上記以外のお問い合わせは　Tel 0570-056-710(学研グループ総合案内)